Petros Márkaris

LA ESPADA DE DAMOCLES

La crisis en Grecia y el destino de Europa

Traducción del alemán de Lorena Silos Ribas

Título original: *Finstere Zeiten. Zur Krise in Griechenland*

1.ª edición: septiembre de 2012

Diseño de la colección: Estudio Úbeda
Reservados todos los derechos de esta edición para
Tusquets Editores, S.A. - Cesare Cantù, 8 - 08023 Barcelona
www.tusquetseditores.com
ISBN: 978-84-8383-442-8
Depósito legal: B. 22.338-2012
Fotocomposición: Moelmo, S.C.P
Impresión: Limpergraf, S.L. - Mogoda, 29-31 - 08210 Barberà del Vallès
Encuadernación: Reinbook
Impreso en España

Índice

Prólogo
Un largo viaje a través de la noche

Durante una visita a Barcelona en marzo de 2012, cuando les dije a mis amigos de Tusquets Editores, mi editorial española, que el comisario Jaritos quería comprarse un coche nuevo, quedaron consternados. No podían imaginarse a Jaritos sin su Mirafiori.

Luego les confesé otro secreto: Jaritos planeaba comprarse un Seat Ibiza. Entonces, su consternación se transformó en entusiasmo. ¿Un Seat Ibiza? Les expliqué mis razones: España y Grecia pertenecen a los estados PIGS.* Los países del centro y el norte de Europa consideran a los del sur una carga para el continente. Por tanto, nosotros debemos permanecer unidos y ser solidarios. Expresé este mismo argumento en mi novela *Con el agua al cuello.* Mis amigos en la editorial se alegraron y me regalaron un catálogo con todos los modelos de Seat.

Aún no sabía entonces qué cerca de la verdad estaba mi argumento. En mayo de 2012 viajé a Sevilla y a Córdoba, y allí me impresionó profundamente un hecho: los comerciantes que se veían obligados a li-

* Siglas de «Portugal, Italy, Greece, Spain». «*Pigs*» significa «cerdos» en inglés. *(N. del E.)*

quidar sus negocios ya no tenían ganas ni de colgar letreros anunciando la venta especial por cierre; ésa era su forma de lamentarse ante el desempleo. No es una carrera por ver a quién le van peor las cosas. Se trata de depresión y falta de perspectivas.

En el momento en que escribía *Con el agua al cuello,* la primera parte de la trilogía dedicada a la crisis,* no podía ser consciente de que ésta iba a durar más tiempo que la propia trilogía. Ahora está claro para mí que ya no puedo seguir escribiendo según mis primeros planes. Se me presentan tres posibilidades: completarla con un epílogo que ilustre el final de la crisis; convertir la trilogía en tetralogía; o, por último, concluir la primera serie y empezar otra nueva. Ésta sería la peor opción. A día de hoy, todavía no sé por cuál de las tres variantes me inclinaré.

Los textos que figuran en este libro, los artículos, discursos y la entrevista final, los redacté y publiqué mientras escribía las dos primeras entregas. Me sirvieron de base para esas novelas.

Mi intención no era sólo teórica. Con la «trilogía de la crisis» pretendía representar, por una parte, los mecanismos de ésta y, por otra, su desarrollo y sus efectos sobre la población.

Para un autor siempre es arriesgado ocuparse de temas de actualidad cuya evolución todavía no ha concluido. Los artículos, discursos y entrevistas en los

* *Con el agua al cuello*, publicada por Tusquets Editores, col. Andanzas 650/6, Barcelona, octubre de 2011. El resto de entregas de la trilogía a la que alude el autor aparecerán también próximamente en la misma colección. *(N. del E.)*

que me manifestaba sobre la crisis fueron una ayuda importante. En ellos trataba de explicar la crisis, no sólo al lector, sino a mí mismo. Me ayudaron a conservar la claridad de ideas y a describir en las novelas el origen y las causas de este trance.

El primer artículo de este volumen está fechado el 30 de diciembre de 2009, cuando la crisis ya había estallado. En aquel momento, las opiniones y sentimientos estaban divididos. Una parte de la población, sobre todo economistas, expertos y periodistas, comprendieron enseguida la gravedad de la situación. Pero la mayoría de los griegos se dejaron adormecer por las promesas del Gobierno, y en especial, por las del entonces jefe del gabinete Georgios Papandreu. Había una completa seguridad de que al cabo de dos años, el ejecutivo lograría dominar el problema.

Seamos sinceros. Nadie previó las dimensiones de la crisis ni sus efectos sobre la ciudadanía. No teníamos ni idea de lo que se nos venía encima. Principalmente, porque el entonces Gobierno del Pasok no dijo toda la verdad a los ciudadanos. Trató de tranquilizarlos asegurándoles que cada nueva medida que adoptaba, ya fuera una reducción de salarios y pensiones, o la creación de nuevos impuestos, era la última. Pero siempre venían nuevas medidas y planes de ahorro. Esta falsa política de apaciguamiento dejó a los griegos desprevenidos, inseguros e indignados.

Cuando estalla una crisis financiera, los ciudadanos se preguntan por qué es tan intensa y quién es el culpable.

En el caso de la crisis griega, las causas se remontan a un pasado bastante lejano. El monstruoso aparato del Estado que hoy paraliza a Grecia es el resultado final de un desarrollo que comenzó en la época que siguió a nuestra guerra civil, en los últimos años cuarenta y comienzos de los cincuenta del siglo pasado. Mucha gente en Grecia y en otros lugares está erróneamente convencida de que el actual desastre es una consecuencia de la mala gestión de los últimos treinta años. Pero no es cierto. Si olvidamos el aspecto histórico, llegaremos, como les ocurre a muchos alemanes y a otros extranjeros, a la falsa conclusión de que en realidad todos los griegos son corruptos.

Para mí no cabe la menor duda de que la mayor culpa del derrumbamiento del país, desde la temprana posguerra hasta hoy, corresponde a sus elites políticas. Con su mentalidad clientelista, han llevado al país al borde del abismo. Esto es lo que he tratado de explicar en mi conferencia «¿Sólo una crisis financiera?». En el artículo «Las luces se apagan en Atenas» describo tanto a las víctimas de este sistema político como a sus beneficiarios.

En cualquier caso, yo soy escritor, no politólogo. Por tanto, para mí el aspecto cultural de la crisis es muy importante, y por supuesto, no sólo en relación con Grecia, sino también con la Unión Europea. En «Crisis sin perspectivas» y en «La crisis tiene la última palabra» hablo de las huellas que deja a su paso la crisis cultural, ya sea en Bruselas, Berlín, Sevilla o Atenas.

Petros Márkaris, junio de 2012

La cultura de la pobreza

«Es preciso tener en cuenta que el dinero debe prestar servicio a la gente», afirmó el presidente federal Horst Köhler en su discurso de Navidad. Me pregunto si el presidente se dirigía a los alemanes o a los griegos, pues hace tiempo que éstos se toman estas palabras al pie de la letra, y consideran los créditos bancarios que obtienen para cualquier cosa no como un dinero prestado, sino como parte de sus ingresos. Esto les permite vivir de los préstamos sin tener que preocuparse por cómo y cuándo tendrán que devolver el crédito. Para los griegos, los banqueros son unos simpáticos conciudadanos cuando autorizan un crédito para el consumo o una hipoteca, pero se convierten en especuladores y en tiburones si exigen la devolución de su dinero.

La crisis financiera griega tiene poco que ver con la crisis financiera internacional. En Grecia no existe ningún Lehman Brothers, ningún Bayernt.b ni ningún HypoVereinsbank. Es evidente que a Grecia también ha llegado el mensajero de la crisis financiera internacional. Pero las instituciones bancarias griegas no desempeñan ningún papel en el mundo. La crisis griega es un producto doméstico, la han creado los propios griegos, tanto los gobiernos (ante todo, el último Gobierno Karamanlís) como los ciudadanos. Uno de cada tres bancos griegos podría montar un buen negocio inmobiliario con las viviendas y construcciones embargadas a los clientes que no han podido satisfacer sus hipotecas. Y uno de cada dos bancos podría montar un concesionario de vehículos con todos los automóviles que, igualmente, ha embargado. Tan sólo en los últimos cinco meses, después de que el último Gobierno Karamanlís rebajara los impuestos de los vehículos de gama alta, en principio con la intención de impulsar la actividad de los concesionarios, se han embargado veinte mil coches: Mercedes, BMW y Jeeps con tracción en las cuatro ruedas. A uno de cada dos alumnos que aprueban el examen de selectividad, su papá le regala no una moto, sino un coche, con este argumento imbatible: «El pobre tiene que cambiar dos veces de tren para llegar a la universidad».

No sólo el Estado griego está hundido en la deuda y tiene que acudir al crédito para cubrir la mayor parte de sus gastos. Uno de cada dos presupuestos privados está fuertemente endeudado y sólo puede financiar su lujosa vida gracias a los préstamos. Y si el Estado sólo está preparado para economizar contra su voluntad, tampoco el ciudadano medio está muy dispuesto a ahorrar. Esta mentalidad se ha ido imponiendo lentamente desde comienzos de los años ochenta, es decir, desde el ingreso de Grecia en la Comunidad Económica Europea. Hasta entonces, Grecia era un país pobre que sabía vivir decentemente con su pobreza. Después de su experiencia de años con el ahorro, incluso había desarrollado una especie de «cultura de la pobreza». Entonces llegó el año 1981, y un flujo de dinero comenzó a circular por el país. Los griegos ya no necesitaban la «cultura de la pobreza», pero tampoco habían desarrollado ninguna «cultura de la riqueza». El consumo se convirtió en la fuerza motriz de la sociedad. En estos apenas treinta años, la función pública casi se ha cuadruplicado, porque la mayoría de los gobiernos no la consideraban un servicio público sino una estructura nebulosa en la que se podía colocar a los amigos, con el único objetivo de ganar electores. La función pública se convirtió en una tienda de autoservicio con medios públicos. Estado y ciudadanos competían por ver quién gastaba más.

Cuando llegué a Atenas a mediados de los años sesenta, vi cómo en casi todos los barrios pobres, de los tejados de las casas sobresalían estructuras de hierro. Aquellas varillas de hierro representaban el sueño del segundo piso. Una familia tenía que ahorrar a lo largo de casi toda la vida para que el hijo o la hija pudieran tener su propia vivienda. Los griegos de hoy en día se construyen casas de verano y residencias rurales, y no se rompen mucho la cabeza pensando en cómo van a devolver el dinero.

En la actualidad, las estructuras de hierro continúan viéndose en los pueblos. Lo que no se observa es la fatiga de una minoría silenciosa. Esta minoría es la única fuerza motriz de Grecia. Si el país aún no está en quiebra se debe a esta minoría, que trabaja desde hace décadas de forma productiva y vive con moderación, y que continúa invirtiendo en una economía agotada. Una parte de esta minoría tuvo que contemplar en diciembre de 2008 cómo sus negocios eran atacados, saqueados e incendiados. Las imágenes de esa destrucción aparecieron en todos los noticiarios. Tomaron la palabra estudiantes, policías y políticos, pero la minoría silenciosa guardó silencio. Ni tenía palabras ni encontró auditorio.

Quiero que se me entienda bien: yo no hablo desde una clase social elevada, una clase que está bien anclada en el sistema de partidos y que se aprovecha de ello a manos llenas, sino que lo hago desde la perspectiva de los pequeños y medianos empresarios, que desde tiempos inmemoriales constituyen el fundamento de la economía y la sociedad griegas. Este estrato se ha reducido, es cierto, pero permanece en el núcleo igual que antes.

En los dos últimos meses, el déficit se ha convertido en el tema preferido de los periódicos y la televisión, aunque los griegos no están demasiado horrorizados ante la montaña de deudas. Están mucho más horrorizados ante la presión que ejercen la Unión Europea, el Banco Central Europeo o el Fondo Monetario Internacional. Cada vez que los griegos se sienten desamparados, acuden a teorías de conspiración. A veces se nos dice que la señora Merkel y el ministro alemán Schäuble atizan la animadversión contra los griegos, porque así los convierten en un ejemplo para los otros países de la Unión Europea y los utilizan como conejillos de Indias. En otras ocasiones, son la Unión Europea o el Fondo Monetario Internacional los que nos quieren poner en la picota. También son las agencias de calificación como Standard and Poors,

Moody's o Fitch las que reducen nuestra capacidad de devolución de crédito y con sus negocios en la sombra aumentan las cargas de Grecia.

En oposición a la chillona mayoría, que clama ante la prevista pérdida de privilegios y, como siempre, aspira a cargar la cuenta en bolsillos ajenos, la minoría silenciosa contempla la intervención de la Unión Europea y del Fondo Monetario Internacional como la única esperanza de poder llevar, finalmente, una existencia normal. Pero ya hace tiempo que ha perdido la esperanza de que Grecia pueda salvarse por sí sola.

30 de diciembre de 2009

Los días hermosos han llegado a su fin

«Pasaron los hermosos días de Aranjuez.» Así empieza el *Don Carlos* de Schiller. Aunque sus palabras describan con precisión la situación griega, Friedrich Schiller no escribió este verso pensando en los griegos: es una mera casualidad. Grecia vive actualmente su crisis más dramática desde el final de la segunda guerra mundial. Una crisis cuyas causas son, en un noventa por ciento, nacionales. Así lo admite, sin peros ni condiciones, la mayor parte de la población. En lo que los griegos no logran ponerse de acuerdo es en establecer cuándo comenzó a forjarse este desastre financiero. La mayoría culpa a los dos gobiernos de Kostas Karamanlís, líder del partido Nueva Democracia, que dirigió los destinos del país entre 2004 y 2009. Otros se remontan al principio de los años ochenta, es decir, a la época en la que Grecia entró en la Comunidad Económica Europea (CEE). Estos últimos se refieren, con toda razón, a las dos crisis financieras que ya entonces hicieron zozobrar al país. La primera en 1985, cuando el déficit aumentó hasta el 9,5 por ciento del PIB; y, la segunda, a principios de la década de los noventa. Por lo tanto, la crisis que actualmente azota Grecia sería la tercera y la más grave.

Son, sin duda, explicaciones convincentes. Sin embargo, yo creo que el origen de la crisis actual se encuentra en los Juegos Olímpicos de 2004. El presupuesto de estos Juegos ascendía a 2400 millones de euros, aunque oficialmente le costaron al país 11.500 millones. Estos miles de millones adicionales fueron financiados a través de créditos. Casi un quinto del capital que necesita hoy el país tiene su origen en las Olimpiadas. Un buen ejemplo es un préstamo que últimamente está en boca de todos en la Unión Europea. En el año 2002 el banco Goldman Sachs le otorgó a Grecia un crédito de mil millones de euros. Ni la economía ni el armamento militar se beneficiaron de un crédito que fue a parar, como otros tantos, a los Juegos Olímpicos. Los griegos, eso sí, tuvieron una ceremonia de inauguración espectacular y celebraron con gozo el éxito de Grecia, sobre todo porque, antes de los Juegos, el país había sido ignorado e incluso despreciado por muchos. Sin embargo, al final de la celebración, nadie se acordó de pedir la cuenta ni de preguntar a quién le tocaba pagarla.

Ya sea con o sin la Unión Europea, los griegos intentamos siempre curar los síntomas, pero no nos preocupamos por las causas. El problema de Grecia es, en primer lugar, político. Las crisis financieras se repiten una y otra vez, pues son la consecuencia de la política errónea que se ha venido practicando durante décadas. Hasta el año 1981 Grecia era un país pobre, que, no obstante, lograba vivir honestamente con su pobreza. Entonces comenzaron a llegar las subvenciones de la CEE. Por primera vez en la historia contemporánea las arcas del Gobierno estaban llenas. Andreas Papandreu, primer ministro del primer Gobierno del Pasok, intentó ganarse con dinero la simpatía de los votantes. Así que permitió que las subvenciones se repartiesen entre un grupo de privilegiados y se utilizasen para objetivos muy diferentes a los establecidos por la CEE o, más tarde, por la Unión Europea. Ésta fue una decisión política y constituyó el punto de partida de una economía demagógica, cuyo único objetivo era la reelección, y que, con el tiempo, sería adoptada por todos los gobiernos griegos. Cada uno de ellos acogió a su propia gente en la Administración estatal, que se convirtió en un enorme monstruo, incapaz de funcionar. Todo el mundo pudo hacerse una idea de su completa ineficiencia durante los incendios de 2007.

La corrupción, objeto de críticas por parte de la Unión Europea y de Alemania estos días, tiene también sus orígenes en esa época. No obstante, es necesario tener en cuenta que la corrupción es un delito y, como todo delito, tiene sus culpables y sus víctimas. Y, en este caso, las víctimas no son ni la Unión Europea ni Alemania, sino únicamente los propios griegos. No resulta legítima, por lo tanto, la idea generalizada de que todos los griegos son unos corruptos. Y, en este sentido, es necesario añadir que el mayor escándalo de corrupción de los últimos treinta años, el caso Siemens, no está en modo alguno vinculado con Grecia.

Un año después de la concesión del crédito para las Olimpiadas, la sucursal del Deutsche Bank en Londres otorgó, en cooperación con el banco alemán Commerzbank, un nuevo crédito de mil millones a

Grecia para la compra de armamento. Y así llegamos a la segunda parte de las decisiones políticas, a saber, las partidas de equipamiento militar. Desde hace años Grecia invierte en armamento cantidades que un país tan pequeño difícilmente puede permitirse a largo plazo. Tales gastos se justifican con argumentos tan sólidos como el «conflicto turco». De estas partidas no se benefician ni los griegos ni tampoco un aparato estatal gravemente enfermo. Quien sí se beneficia es Alemania, con los cazas Eurofighter y los tanques Leopard; Francia, con sus aviones Mirage; o Rusia, con su sistema de misiles Tor-M1.

Hace sólo un par de meses, en plena crisis financiera, se solicitó a Alemania un jugoso pedido en el que figuraban tanques Leopard y dos submarinos y que se sumaba a otro pedido realizado con anterioridad. En su última visita a Grecia, el ministro de Exteriores alemán intentó animar a la sociedad griega, expresando su certeza de que las estrictas medidas de contención del gasto introducidas por el Gobierno pronto darían su fruto. Sin embargo, al mismo tiempo, promocionaba entre bastidores un contrato para el Eurofighter. Los expertos del Banco Central, del Eurostat y del Fondo Monetario Internacional, sobre todo el señor Olli Rehn, llegaron con unas enormes tijeras a Grecia para recortar todo lo recortable. Con una única excepción: no tocaron el equipamiento militar para que, en la medida de lo posible, algunos países europeos no se enfadaran.

El actual pacto de estabilidad y crecimiento griego consiste básicamente en recortar sobre todo los sueldos en el sector público. Las partidas para armamento se mantienen intactas para no afectar en lo más mínimo el crecimiento de ciertos socios europeos. Y los griegos, que aceptan en silencio estas decisiones, les echan la culpa de todo esto a los turcos.

Recientemente, algunos periodistas y cargos intermedios de determinados partidos alemanes aconsejaban a Grecia que vendiese la Acrópolis o alguna de sus islas. Lo cierto es que nos habrían ayudado mucho más si nos hubieran aconsejado manejar con mayor eficiencia los fondos que dedicamos al equipamiento militar.

Cuán ingenuo resulta pensar que la indignación de los griegos ante tales sugerencias tiene su origen en el trauma ocasionado por la ocupación alemana de Grecia. Una teoría muy similar al argumento de los israelíes de que todo aquel que cuestiona la política de Israel es un antisemita. Los griegos no se merecen esto. Nunca he llegado a comprender por qué esta sociedad puede sentir más aprecio y recibir con más cordialidad a los que fueron sus invasores que a aquellos que los liberaron, es decir, a los británicos y a los americanos. En ningún otro lugar en Grecia fue la ocupación alemana tan brutal como en Creta. En esta isla, cerca de Chania, existe hoy un pequeño pueblo alemán. Los alemanes viven allí todo el año y tienen una relación muy estrecha y cordial con los cretenses. Una relación que ahora se ha adulterado: en parte, por la arrogancia que muestra la prensa alemana, pero también por las afirmaciones, del todo improcedentes, de algunos políticos griegos. En todo caso, ni los griegos ni los alemanes han ganado nada con ello.

También resulta injusto que se culpe a los griegos de haber hecho trampas para cumplir con los criterios de convergencia del Tratado de Maastricht. Otros países también las han hecho. Nadie parece querer recordar que la entrada de todos los países en la unión monetaria fue una decisión política y no financiera, como también lo fue la introducción del euro, que vino precedida por una preparación financiera un tanto superficial. Hoy en día la eurozona sufre las consecuencias de todo esto. A Irlanda nadie la culpa de corrupción, nepotismo o evasión de impuestos, aunque su posición no es mucho mejor que la nuestra. Schiller no explica todo esto, pero quizá podamos recurrir al Brecht de *Santa Juana de los mataderos:* «Quiero mi dinero y mi conciencia limpia».

Así es como está la eurozona. También Brecht dice en *La ópera de cuatro cuartos:* «¿Qué delito es el robo de un banco comparado con el hecho de fundar uno?». Los alemanes, cuyos bancos rebosan con decenas de miles de millones de euros provenientes de la recaudación de impuestos, me entenderán a la perfección.

3 de abril de 2010

¿Tragedia o comedia?

El primer ministro griego, Georgios Papandreu, anunció desde la idílica isla de Kastellorizo que Grecia había solicitado el paquete de ayuda de la Unión Europea y del Fondo Monetario Internacional y preparó a los griegos para el inicio de una «nueva Odisea». Al día siguiente un periodista le recordó que, al final de la *Odisea,* sólo Odiseo alcanza Ítaca, pues ninguno de sus acompañantes sobrevive al viaje. No pasó mucho tiempo hasta que las profecías del periodista se hicieron realidad: los tres primeros compañeros de camino murieron ya el miércoles 5 de mayo de camino a Ítaca, es decir, de regreso a los años setenta, que es donde nos encontramos ahora.

No sé por qué el primer ministro no eligió Ítaca para anunciar la nueva Odisea. Quizá porque sospechaba que lo que Grecia está viviendo en la actualidad no se asemeja mucho a una epopeya. Más bien recuerda a una tragedia.

Goethe afirmaba que las epopeyas relatan grandes acontecimientos históricos. Sin embargo, hoy en Grecia no se desarrollan grandes acontecimientos, sino que nos hallamos ante una realidad miserable, que está muy lejos de pasar a la Historia. Si los griegos buscasen un poco en la tragedia clásica no les costaría mucho encontrar un coro adecuado para su situación. Sería el coro de *Las troyanas,* de Eurípides, que alzan su lamento ante las ruinas de Troya. Un director ingenioso incluso podría añadir al coro a algunos griegos, preferiblemente jubilados.

Sin embargo, la tragedia que se representó en Atenas el miércoles 5 de mayo fue *Los siete contra Tebas,* de Esquilo, un texto en el que dos hermanos, Eteocles y Polinices, se dan muerte brutalmente. La tragedia que sigue a *Los siete contra Tebas* y que constituye, por así decirlo, su segunda parte es *Antígona,* de Sófocles, en la cual Antígona trata de enterrar a su hermano Polinices y se encuentra con la oposición de Creonte. En un principio, los griegos esperaban que la señora Merkel adoptase el papel de Antígona. Sin embargo, Merkel eligió el papel de Creonte e impidió a los griegos, forzados a ponerse la máscara de Antígona, que enterrasen a sus hermanos o, en este caso, que enterrasen sus montañas de deudas, porque la relación de los griegos con sus deudas se ha convertido últimamente en una relación fraternal.

Yo, no obstante, tengo mis dudas de que la señora Merkel sea una figura trágica. Tampoco George W. Bush lo era, aunque sí que desató más de una tragedia. Las figuras trágicas no se caracterizan por su dureza, sino por su sufrimiento y su ruina. Willy Brandt sería un buen ejemplo. La señora Merkel me recuerda más bien a la Lisístrata de Aristófanes. Como Lisístrata, empeñada en poner fin a la guerra entre Atenas y Esparta, también Angela Merkel parece, por lo menos desde los últimos días, empeñada en detener el descalabro del euro. Todavía no sabemos si tendrá éxito, como Lisístrata, ni tampoco si sobreviviremos a la crisis. Sólo si fracasase se convertiría Angela Merkel en un personaje trágico.

Los alemanes creen que dominan la Grecia clásica mejor que ninguna otra nación, mejor incluso que los propios griegos. Una afirmación un tanto exagerada, pero no carente de verdad. Cualquiera que lea la segunda parte del *Fausto* reconocerá de inmediato el conocimiento de los alemanes sobre la Antigüedad; por no hablar de Benjamin Hederich y su *Diccionario mitológico básico* o Eduard Zeller y su *Filosofía de los griegos*. Se podría explicar así por qué la rabia de los alemanes hacia Grecia tiene algo de «clásico». Quieren que bebamos cicuta, como Sócrates, porque hemos desafiado las leyes.

Por desgracia, los alemanes han idealizado de tal manera la Grecia clásica que ésta ha perdido la humanidad y cotidianidad que poseía. Otro vistazo al *Fausto* resulta suficiente para aclarar este aspecto. La Arcadia nunca ha existido en la tragedia de Helena, ni en la Antigüedad ni hoy en día. Y en el personaje de Euforión se revela la diferencia entre los alemanes y los ingleses. Goethe idealiza a Lord Byron como Euforión, pero Lord Byron no deseaba en realidad salvar la Grecia clásica, sino luchar en el bando de los agricultores y de los pastores griegos, sencillos e iletrados, contra los otomanos. Esto es algo que algunos periódicos y revistas, como *Bild* o *Focus*, no pueden comprender. Nos reprochan que en los últimos dos mil años no hayamos producido un nuevo

Platón, un Sófocles o un Pericles y afirman que, por este motivo, somos un montón de fracasados. Glorifican la antigua Grecia pero su actitud es la de los espartanos. Su idealización les impide ver que la Grecia clásica y la Grecia moderna no convergen en los grandes poetas o en los filósofos, sino en el día a día.

El día a día de los antiguos atenienses, su mentalidad, la forma de llevar sus negocios, sus argucias con las leyes, todo eso les resulta a los griegos modernos muy cercano y familiar. Y son éstos también los motivos por los que los espartanos desdeñaban a los atenienses. La vida en Esparta era ordenada, muy disciplinada, pero también muy aburrida. Las cosas eran diferentes en Atenas, tanto en la Antigüedad como, a pesar de la miseria, en la época moderna.

En este sentido, también Aristófanes está más cerca de los griegos modernos que los grandes poetas trágicos, aunque aquéllos no lo sepan. No es necesario buscar mucho entre las obras de Aristófanes para encontrar el texto adecuado. Se trata de *Pluto* («la riqueza»). Aristófanes tuvo la genial idea de retratar a una riqueza ciega. Todos los personajes de la obra tratan de disputarse la riqueza y ésta no tiene más remedio que tolerarlo, porque está ciega y es indefensa. Si vemos al Pluto actual también como un ciego, entonces todo parece encajar: los griegos, los alemanes, la eurozona, los mercados financieros, los bancos, los especuladores. Todo. En la actualidad también se zarandea a Pluto y él, como es ciego, sigue sin poder defenderse.

Desde hace algún tiempo son cada vez más las voces que temen que la nueva Odisea griega pueda convertirse en una odisea europea. Esperemos que los mandatarios de la eurozona, cuando se encuentren frente al cíclope, que hoy representan los mercados financieros internacionales, no hagan como Odiseo y le respondan: «Nadie» cuando él les pregunte «¿quién eres?».

Ésa sería algo más que una respuesta astuta: sería la pura verdad. Tal vez entonces comprendan los europeos que el problema de la Unión Europea no radica en una cuestión fundamentalmente económica, sino política.

15 de mayo de 2010

El país donde todo es «socialista»

Los diputados del Partido Popular Europeo estaban indignados: su partido hermano, Nueva Democracia, había votado en el Parlamento griego contra las condiciones del Fondo Monetario Internacional y las medidas de ahorro de la Unión Europea. «Cómo es posible que nosotros votemos en el Parlamento europeo a favor del plan de rescate griego, mientras que ustedes, en su Parlamento, votan contra las medidas de ahorro, ¡unas medidas que forman parte del rescate! Es inaudito», clamaban los parlamentarios horrorizados, sobre todo los alemanes, pues en Alemania se ha puesto de moda echar pestes de Grecia por cualquier motivo.

Los diputados del Partido Popular en la Unión Europea —una unión de partidos conservadores de ámbito europeo— no podían saber que Nueva Democracia había rechazado las medidas en Grecia porque seguía fiel a su larga tradición «socialista».

No es ninguna broma. Grecia es, de hecho, el último país europeo donde se practica el socialismo real. Son muchos los que lo aseguran; lo que no mencionan es que este Estado «socialista» no ha sido construido por un Partido Comunista, sino por los partidos derechistas del Gobierno de Grecia. Con la excepción de la Ocupación alemana (1940-1944), la derecha ha gobernado en Grecia durante cuarenta años ininterrumpidamente —ya sea como dictadura (durante el periodo de Metaxas, 1936-1940), Junta militar (1967-1974), monarquía constitucional (1944-1967)— o como gobiernos democráticos de centro-derecha (1974-1981).

A lo largo de estas décadas, la derecha ha ejercido su poder en dos direcciones. Por una parte, persiguió de forma implacable a sus opositores; por otra, repartió privilegios en aquellas capas de la población que obedecían sus decretos. Estableció un sistema de arbitrariedades y dependencias que se parecía mucho más a los centros de poder de carácter soviético que a un Estado democrático de derechas.

Sobre todo después de la guerra civil (1946-1948), un conflicto en que las derechas —con la protección de británicos y estadounidenses— actuaron con implacable crueldad y que terminó con la derrota total de las izquierdas, los caciques de los partidos conservadores crearon en las zonas rurales griegas un poder semejante al que tenían los dirigentes comunistas en una república popular. De hecho, hasta finales de los años sesenta, la población careció de muchos derechos civiles y libertades.

Los privilegiados de este sistema se concentraban en el aparato del Estado. Cualquier muchacho o cualquier chica soñaba con acceder a un puesto en la Administración tras acabar los estudios. Hubo familias que dieron la espalda a parientes de izquierda por no querer pasar como de tendencia izquierdista y ver de este modo cerrado su acceso a la función pública. Incluso como jardinero o mujer de la limpieza, era un privilegio ser contratado por el Estado. Todo miembro del partido, todo dirigente de una administración, y el Gobierno entero, desde los ministros hasta su presidente, colocaban a sus favoritos, «nuestros niños», como los llamaban, en el servicio público.

Del mismo modo que en los países del socialismo real, la nomenclatura y los miembros del partido disponían de toda suerte de privilegios, mientras que los simples ciudadanos tenían que bregar como podían, en Grecia surgió un sistema en el que los favoritos de las derechas tenían todos los privilegios y el resto de la población vivía como ciudadanos de segunda clase.

En 1981 llegó el giro socialdemócrata. Andreas Papandreu, fundador del Movimiento Socialista Panhelénico, Pasok, se dio cuenta de su suerte tan pronto como se convirtió en primer ministro. Envolvió la imagen de la derecha en un vocabulario socialista y la vendió como la obra del «primer Gobierno socialista» de Grecia. En lugar de hacer pedazos aquel Estado derechista, el Pasok colocó de forma masiva a su propia gente en los aparatos administrativos con un argumento irrebatible: «Durante años, las derechas se han aprovechado del Estado. Ahora nos toca a nosotros».

Las consecuencias de esta decisión fueron inmensas. Concentrados por entero en el Estado y conformes con esta situación, no es extraño que en las décadas que siguieron a la dictadura, los partidos griegos de izquierdas —incluso el Partido Comunista, KKE, y la coalición radical Synaspismós— no hayan propuesto ningún programa convincente ni hayan desarrollado propuestas de reforma social. Más bien, y junto con los sindicatos, estos partidos defienden de forma inflexible las conquistas del «socialismo real».

La indignación de los diputados conservadores de la Unión Europea habría sido incluso mayor de haber sabido que semanas antes se había producido un encuentro entre Nueva Democracia y los partidos de izquierda KKE y Synaspismós para coordinar una oposición común contra las medidas de ahorro del Gobierno del Pasok. Realmente, todos son «socialistas».

No obstante, este sistema no habría podido sobrevivir sin las dinastías internas de los grandes partidos griegos. Grecia es una República que, sin embargo, se rige como una monarquía compuesta de tres familias que proponen a los sucesores al trono, es decir, a los primeros ministros. Se trata de las familias Papandreu, Karamanlís y Mitsotakis. En Europa existen varias monarquías constitucionales, pero sólo en Grecia existen dinastías políticas.

La familia Papandreu ha dado tres presidentes de Gobierno desde 1944; el fundador de la dinastía, Georgios Papandreu, su hijo Andreas Papandreu y su nieto Georgios Papandreu, que ahora es jefe del gabinete. La monarquía sobrevivió durante veintinueve años (retornó a Grecia en 1946 y fue abolida en 1975, tras un plebiscito); hasta ahora, la dinastía política de Papandreu ha sobrevivido sesenta y seis años.

Konstantinos Karamanlís ingresó en la política en 1953 como ministro de Transportes. Su sobrino Konstantinos «Kostas» Karamanlís fue el primer ministro griego desde 2004 hasta que perdió las elecciones en octubre de 2009. Ha sido posiblemente el más incapaz de todos los presidentes de Gobierno posteriores a la guerra civil. Cuando en el año 2007 el Peloponeso ardió por los cuatro costados, los griegos vieron por televisión cómo los bomberos extranjeros luchaban contra las llamas, mientras el aturdido y corrupto Estado griego carecía de la fuerza y de las estructuras necesarias para enfrentarse a aquella catástrofe. Pero aquel mismo año, Karamanlís fue reelegido. Una gran cantidad de sus votos procedía de las víctimas de los incendios, a las que había concedido 3000 euros.

En los treinta y seis años que han seguido a la dictadura militar, Grecia ha sido gobernada durante apenas unos diez años por un primer ministro que no llevara los nombres de Karamanlís, Papandreu o Mitsotakis (Konstantinos Mitsotakis, cuyo padre y abuelo fueron diputados, presidió entre 1990 y 1993 un Gobierno conservador). El único que no pertenecía a ningún clan y, sin embargo, fue reelegido en dos ocasiones, es el político del Pasok Kostas Simitis.

Esta restricción del paisaje político a tres familias ha conducido a la fosilización del sistema y ha bloqueado la aparición de otros políticos en escena. Los electores griegos parecen no tener problemas, aunque ante ellos apenas se vislumbre alguna alternativa dado el dominio de los dos grandes partidos. Desde hace décadas, el país se ha dividido en dos campos: el campo de Papandreu y el de Karamanlís. Y en ambos, los cargos del partido, que aspiran a hacer una carrera política con el favor de esas dinastías políticas, eligen para los puestos más importantes a los retoños de esas mismas familias, con lo que se aseguran un ascenso más rápido en la jerarquía de los partidos.

La política es la tercera sección de este tríptico. Hasta 1989 Grecia fue el único estado balcánico de Occidente. Era miembro de la Unión Europea y de la OTAN, y estaba por tanto en buenas condiciones para gozar de un papel relevante en las regiones central y sur de los Balcanes tras el final de la guerra fría. En 1989 se abrieron de repente grandes perspectivas para incentivar la inversión y la actividad financiera en los países vecinos. Se soñaba con convertir a Tesalónica en la metrópoli de los Balcanes. Los empresarios del norte de Grecia se apresuraron a ampliar sus negocios a Macedonia, Bulgaria, Rumania y Albania.

Después llegó la disputa por el nombre con Macedonia, un conflicto difícil de entender fuera de estas fronteras. La disputa persistió, y se hizo incluso más agresiva, pues los nacionalistas de Macedonia también tienen sus líderes. Los gobiernos griegos abandonaron a las empresas griegas a su suerte, pues los «intereses nacionales», como ahora se les llama, tienen mejor acogida entre los votantes que entre las empresas. A comienzos de los años noventa, cuando estaban privatizando su economía, los partidos macedónicos estaban dispuestos a vender a empresas griegas sus industrias de telecomunicaciones y de electricidad. Hoy en día, el capital griego abandona el país vecino, porque se encuentra entre dos frentes, y los consorcios turcos se están haciendo con el mercado.

Pero fue la guerra de la OTAN contra Yugoslavia la que deshizo cualquier esperanza griega de ostentar un papel hegemónico en el sur de los Balcanes. Grecia fue el único miembro de la OTAN que apoyó indirectamente al régimen de Slobodan Milosevic. El país no tomó parte en los bombardeos, cerró el espacio aéreo a los aviones de combate de la OTAN e incluso prohibió la circulación a los convoyes de esa organización. Además, la Iglesia griega habló entonces a menudo de «nuestros hermanos ortodoxos», pero hubo más: la posición griega tenía tanto que ver con el nacionalismo de Milosevic (que estaba justificado debido al problema con Macedonia) como con una retorcida solidaridad «socialista». Grecia no se ha recuperado nunca de esta andadura en solitario que dañó las inversiones griegas en el extranjero y el desarrollo económico en el norte del país.

La política griega siempre ha concedido más importancia a los miopes «intereses nacionales» que al potencial económico y financiero del país. Un ejemplo actual: a finales de la semana pasada, el primer ministro turco Tayyip Erdogan visitó Atenas acompañado de un extenso séquito. Por primera vez en años hubo conversaciones distendidas. Se firmaron veintiún acuerdos. Y a pesar de ello, muchos columnistas previnieron del peligro que podía producir en «nuestros intereses nacionales» el «nuevo imperio otomano».

Ni Grecia ni la población griega son el problema. La crisis financiera es más bien la consecuencia de una falsa política a muchos niveles... que hace décadas que dura.

27 de mayo de 2010

Las grietas de un seísmo

Fukushima ha mostrado la pequeñez de Grecia y la poca importancia que el país tiene. Es incapaz de provocar una catástrofe medioambiental o de llevar a la eurozona al abismo, ni siquiera con la ayuda de Irlanda, Portugal y, sobre todo, España. Grecia sólo puede dañarse a sí misma, aunque eso viene haciéndolo de forma consecuente desde hace treinta años. Ahora hemos alcanzado la última etapa de esta autodestrucción y el país está profundamente dividido. La sociedad está llena de grietas que, como ocurre después de un gran seísmo, se abren en todas direcciones.

En las empresas pequeñas domina una sensación de final de los tiempos. La crisis las ha golpeado con la mayor dureza. La descorazonadora imagen de tiendas y negocios vacíos no sólo se ve en los distritos de la pequeña burguesía y la clase media, sino también en las elegantes zonas comerciales del centro de Atenas. Frente a estas empresas de tamaño mediano y pequeño, se alza un todavía enorme y corrupto aparato del Estado, que, aunque atascado, sigue devorando enormes cantidades de recursos.

Otra grieta se abre ante la multitud de los que dependen de un salario. Mientras que los empleados del sector privado temen por sus puestos de trabajo, los trabajadores del sector público defienden sus privilegios. Con algún éxito: han tenido que aceptar reducciones de sueldo, pero hasta ahora apenas ha habido despidos en este sector. La mayoría de los parados —el porcentaje alcanza oficialmente el 16 por ciento— provienen ante todo de la empresa privada.

Al comienzo de la crisis, todos, tanto dentro como fuera del país, plantearon la candente cuestión de si Grecia sería capaz de dominar el conflicto y si el Gobierno sobreviviría a las numerosas huelgas y manifestaciones. La respuesta a la primera pregunta sigue abierta, aunque el panorama es malo. Las huelgas y manifestaciones ya no están presentes en el día a día de los griegos.

Aunque sigue habiendo huelgas, hace cuatro semanas escribía un periodista que la mayoría de la población acepta las duras reformas e intenta componérselas con la nueva y dolorosa realidad.

Esto no significa que ya no haya protestas. En lugar de las grandes convocatorias de huelga y manifestaciones, en su mayoría, procedentes de los sindicatos y los partidos de izquierdas, cada vez se declaran más acciones limitadas, organizadas por minorías. Se dirigen de modo especial contra los políticos de los dos grandes partidos: el socialdemócrata partido del Gobierno, el Pasok, y la oposición conservadora, Nueva Democracia, que hasta octubre de 2009 estaba en el poder. Sus representantes son atacados desde todas partes: en la calle, los restaurantes, los cafés, y sobre todo en actos públicos, tanto dentro de Grecia como en el extranjero.

El primer ministro Georgios Papandreu recibió los improperios de los estudiantes cuando pronunciaba un discurso en París. El ministro Theodoros Pangalos vivió esta misma experiencia en dos ocasiones: primero en París, cuando pretendía presentar un filme del cineasta franco-griego Constantin Costa-Gavras; y luego en su propio distrito electoral, cuando le lanzaron un yogur (lo mismo le sucedió al ministro de Sanidad Andreas Loverdos en una visita a la Universidad de Patrás). También los diputados de Nueva Democracia son objeto de acciones violentas. El anterior ministro de Transportes, Kostis Hatzidakis, un liberal del centro político, fue atacado en plena vía pública; tuvo que ser hospitalizado.

Se producen asimismo acciones de protesta con el lema: «No pagamos». Las convocan grupos que incitan a los usuarios de metro y autobús a no pagar los billetes y que también destrozan las máquinas expendedoras. También los conductores se adhieren a medidas semejantes: ocupan las estaciones de peaje y hacen que la gente pase sin pagar. No dejan de tener alguna razón, pues los precios del transporte público de cercanías han subido un cuarenta por ciento. Y el sistema griego de peajes es un absoluto escándalo: está regentado por propietarios privados que, con el visto bueno del Estado, despluman a los conductores.

Los partidos de izquierdas solían rechazar estas acciones calificándolas de «anarquismo pequeñoburgués». Hoy, por el contrario, las consideran una forma de resistencia, sobre todo porque las tradicionales formas de protesta de las izquierdas ya no son capaces de movilizar a la gente.

A ojos del Gobierno, el responsable de la campaña es Syriza, una federación de organizaciones radicales, a la que pertenecen grupos maoístas, trotskistas y autónomos junto con el partido de izquierda ecologista Synaspismós. La organización central —que está representada con trece diputados en el Parlamento— sin duda niega que la gente de Syriza tome parte en las acciones, pero no se distancia de ellas: son la expresión de protestas espontáneas de una gran parte de la población. Syriza trata de contener a los grupos militantes. Pero concede a sus protestas cobertura política porque si no, pondría en peligro la unidad de la federación. Pero ya hay una profunda grieta que recorre esta alianza.

Aún no sabemos qué efecto tendrá la crisis sobre la izquierda. Lo que está fuera de duda es que la escisión entre la población y los partidos determinantes no puede ser mayor. Según las encuestas más recientes, el 71 por ciento de los griegos está descontento con la política del Gobierno del Pasok. Pero resulta interesante constatar que aún hay más ciudadanos —en concreto, el 74 por ciento— que rechazan la política de Nueva Democracia, aunque los conservadores se presentan en la actualidad como auténticos populistas. Según las encuestas, los únicos que por el momento crecen son el Partido Comunista (el tercer mayor partido del país) y LAOS (Concentración Popular Ortodoxa), un partido del ala derecha del sistema político. Esta formación no es, ciertamente, euroescéptica, está expresamente a favor de la pertenencia de Grecia a la Unión Europea, pero se aprovecha —como otros muchos partidos de extrema derecha en Europa— de una creciente xenofobia en la sociedad.

No es la toma de medidas dolorosas —reducciones de sueldo o subida de los impuestos— lo que indigna a los ciudadanos, sino una pérdida general de confianza. La culpa es de un Gobierno que desde 2009 trata de tranquilizar a la población con declaraciones confusas. Proclama que no va a haber nuevos recortes, pero éstos se repiten cada semana, y cada vez son más duros. Anuncia nuevos impuestos, pero es incapaz de recaudarlos; denuncia a los defraudadores, pero se muestra impotente ante los grandes evasores; promete un saneamiento radical del aparato del Estado, pero carece de valor para plantarle cara a los grandes grupos de presión.

Esto ha producido más resquebrajaduras, esta vez en el sistema de partidos. Las elecciones de 2009 llevaron al Parlamento a cinco partidos: Pasok, Nueva Democracia, KKE (comunistas), LAOS y la coalición de izquierdas Syriza. Desde entonces se sientan otros dos partidos: Alianza Democrática —liberal conservadora—, una escisión de Nueva Democracia, dirigida por la antigua ministra de Asuntos Exteriores Dora Bakoyannis. Y también Izquierda Democrática, compuesta de miembros del antiguo partido eurocomunista que se separaron de Syriza porque no estaban de acuerdo con la ausencia de programa ni con el rumbo cada vez más violento que seguía la federación.

Estos reequilibrios parlamentarios plantean dos nuevas preguntas. La primera es si el actual Gobierno del Pasok sobrevivirá hasta el final de la legislatura en 2013. El partido goza de una sólida mayoría parlamentaria, pero hay señales de pelea incluso dentro del Gobierno y parece haber perdido su dinámica.

La segunda pregunta es: ¿qué ocurrirá si los siete partidos logran acceder al Parlamento en las próximas elecciones? En este caso sería muy improbable que una sola formación lograra la mayoría absoluta, aunque el sistema electoral privilegia al grupo más fuerte. Eso abriría las puertas a un Gobierno de coalición. Muchos saludarían esta posibilidad, pero otros se muestran más recelosos. El sistema político griego carece de experiencia con las coaliciones y cabe preguntarse si justamente en plena crisis es el momento adecuado para experimentos de este tipo. El único Gobierno de coalición tras la guerra civil se formó en 1989, sobrevivió apenas cuatro meses y tuvo consecuencias desastrosas para el país.

Sin embargo, estas especulaciones no interesan a la mayoría de los griegos. Su mayor preocupación tiene que ver con la conversión de la deuda, si se va a producir y qué ocurrirá entonces. La mayoría de los griegos se preguntan a quién afectará un recorte de dicha deuda y si se tratará al final sólo de una ampliación del plazo de amortización de la deuda de 350.000 millones de euros que tiene el país.

El Gobierno griego, el comisario de la Unión Europea Olli Rehn, el director del Fondo Monetario Internacional Dominique Strauss-Kahn, así como el presidente del Banco Central Europeo Jean-Claude Trichet, descartan categóricamente la conversión de la deuda. Muchos e importantes periódicos económicos y financieros, como *The Economist* o el *Financial Times,* son contrarios a la opinión de que la conversión es indispensable y acaban de obtener un inesperado respaldo a esta tesis: cuando el anterior presidente del Gobierno, Kostas Simitis, se pronunció hace poco a favor de una rápida conversión de la deuda, fue enérgicamente criticado por el actual Gobierno y su partido, el Pasok. Pero Simitis todavía goza de un amplio respeto en amplias capas de la población. Fue él quien en el debate del presupuesto en 2008 expresó la idea de que, con la política financiera del entonces Gobierno de Nueva Democracia, Grecia acabaría haciendo mella en el Fondo Monetario Internacional. Su opinión fue objeto de burla, incluso en el seno de su propio partido.

Grecia está inmersa en un delicado equilibrio entre duras medidas, desempleo, recesión y conversión de la deuda. No es ninguna tragedia como la de Fukushima, pero tampoco es un asunto sencillo.

5 de mayo de 2011

La cartilla de ahorros

A principios de los años cincuenta la reina Federica de Grecia, madre de la reina Sofía de España, introdujo «la cartilla de ahorros para jóvenes sin recursos». Esta cartilla estaba concebida como una especie de dote para las hijas de las familias más modestas. Eran los años posteriores a la guerra civil y el país estaba deprimido y atrasado. Ni siquiera había suficientes puestos de trabajo para los hombres, y menos aún para las mujeres. Las muchachas sólo veían abierta una posibilidad: casarse y tener hijos. Sin embargo, sin una dote no se podía ni hablar de matrimonio si el pretendiente no tenía recursos suficientes para fundar un hogar. No todas las familias tenían derecho a la cartilla, pues había una serie de condiciones. La más importante tenía que ver con las «convicciones nacionales» de la familia.

Sesenta años más tarde los griegos viven de la «cartilla de ahorros para griegos sin recursos» que ha introducido la Unión Europea. Pero esta cartilla también está sujeta a condiciones. La más importante es el paquete de medidas de ahorro que el Gobierno aprobó a finales de junio y que se implantará en los próximos dos meses. Ya sea con la cartilla o con el paquete de medidas de ahorro, está claro que los griegos tienen que aprender de nuevo a ahorrar. Y no sólo los ciudadanos, sino también, y sobre todo, el Estado. En los últimos treinta años, el corrupto aparato estatal griego se ha convertido, poco a poco, en el mayor problema de la miseria griega. A día de hoy, este monstruo sigue agotando nuestros recursos hasta llevar al país a una parálisis casi total.

No es cierto que diez millones de griegos sean corruptos, como afirman muchos extranjeros, sobre todo alemanes. Lo cierto es que los dos partidos gubernamentales —el Pasok (centro-izquierda) y Nueva Democracia (centro-derecha)— han ido construyendo en los últimos años un gigantesco entramado basado en el clientelismo político. Este sistema no sólo ha arruinado al Estado, sino también a aquellos miembros de la sociedad que durante estos años han impulsado los avances económicos y sociales, y que son quienes más han sufrido bajo este sistema.

La eurozona y el Fondo Monetario Internacional han impuesto el paquete de medidas. Supuestamente porque el Estado debe reformarse y sanearse para poder así facilitar el dinero y los recursos que necesita el país. Con este paquete de medidas, el país recurre a una solución que ya se había utilizado anteriormente: de nuevo, volverán a subir los impuestos. Por tercera vez en quince meses, el Gobierno volverá a exigir que arrimen el hombro aquellos ciudadanos que tienen la decencia de pagar impuestos. A pesar de la enorme presión de la «troika» —como los griegos denominan a los representantes del Fondo Monetario Internacional, del Consejo de Europa y del Banco Central Europeo—, el Gobierno avanza sólo con pasos pequeños y vacilantes en lo que al saneamiento del Estado se refiere.

Los nuevos impuestos afectan especialmente al trabajador y al pequeño y mediano empresario. Hace ya un año que los trabajadores y empleados vieron reducirse sus sueldos, y a esta medida es necesario sumar la subida del IVA y del impuesto de la renta. En el nuevo paquete de medidas, se ha añadido un impuesto adicional que gravará del uno al tres por ciento de los ingresos y de las ganancias de los ciudadanos. Aquellos que practican la evasión de impuestos como si de un deporte se tratara no tienen por lo tanto nada que temer. En estos últimos quince meses de crisis, el Gobierno no ha sido capaz de instaurar un sistema fiscal eficiente ni de detener la evasión de impuestos.

En los últimos meses numerosos periodistas extranjeros me han preguntado una y otra vez mi opinión sobre los «indignados» de la plaza Syntagma. Pero no sólo están indignados los que se reúnen delante del Parlamento en esta plaza y se quejan de los parlamentarios, importunando a los demás. Toda la población está indignada y su indignación se divide en tres corrientes.

A la primera corriente pertenecen aquellos que ven peligrar sus privilegios con la crisis. Durante décadas se han beneficiado del clientelismo político y ahora sienten la presión de una troika que los obliga a realizar reformas. Están indignados y pretenden salvar lo que todavía es posible salvar.

La segunda corriente se nutre de las pequeñas y

medianas empresas y de los empleados del sector privado. Más que indignados, se sienten inseguros y deprimidos. Ya han perdido la esperanza de que el país pueda salvarse. Oficialmente la tasa de desempleo alcanza el 16 por ciento, y casi todos los desempleados provienen del sector privado. En una encuesta reciente, el 55 por ciento se mostraba a favor de realizar despidos también en las empresas públicas.

Los que se reúnen en la plaza Syntagma representan la tercera parte de los indignados. Una multitud variada: algunos se quejan de los parlamentarios, otros organizan asambleas, escriben resoluciones y sueñan con la «democracia directa». Aunque también hay muchos que sencillamente quieren mostrar su rabia meramente con su presencia. Se manifiestan de forma pacífica y han logrado imponerse a los violentos que en dos ocasiones asaltaron la plaza con sus protestas. Y, ya que la he mencionado, hablemos de la violencia que, día tras día, aumenta en las grandes ciudades.

No sólo se trata de los vándalos que aprovechan cualquier manifestación para armar un escándalo, como sucedió cuando se debatía en el Parlamento el paquete de medidas de ahorro. En las calles del centro de Atenas la violencia resulta brutal. Algunas partes de la ciudad se convierten por la noche en verdaderos campos de batalla. Las mujeres y los ancianos son víctimas de agresiones. Los neonazis salen a la caza de inmigrantes, y los inmigrantes, organizados en bandas, libran peleas callejeras entre ellos.

Muchas personas mayores que viven en estos lugares ven en los extremistas a sus vigilantes y protectores. Por primera vez, desde el final de la guerra, existe el riesgo de que un partido de extrema derecha se asegure en unas elecciones su entrada en el Parlamento. Resulta muy intranquilizador que gran parte de la población, además de estar indignada, apruebe la violencia como un procedimiento político. En las encuestas, el 49 por ciento de la población considera legítimo difamar e insultar a los políticos.

Por otra parte, están los europeos con sus demandas. Desde Olli Rehn a Angela Merkel, pasando por José Manuel Barroso y Christine Lagarde, todos suplican a los dos grandes partidos, Pasok y Nueva Democracia, que voten a favor de las nuevas medidas de ajuste del gasto. Dicen sencillamente: si los portugueses lo hicieron, ¿por qué no lo hacen los griegos?

Con su actitud, estos expertos muestran su completo desconocimiento de la cultura política de Grecia. Desde la guerra civil (1945-1949), el sistema político griego está basado en la confrontación. En estos años de historia, la palabra «consenso» ha sido una gran desconocida. Después de la guerra civil comenzó la confrontación entre los nacionales y los comunistas. Después llegó la confrontación entre el centro liberal y la monarquía, apoyada por su partido, la Unión Radical Nacional.

Al golpe de Estado de los coroneles (1967) y la dictadura militar le sucedió la eterna confrontación entre el Pasok y Nueva Democracia. En los últimos veinte años nunca ha ganado las elecciones ningún partido de la oposición. Siempre las perdía el partido que estaba en el Gobierno. Esto quiere decir que ningún partido de la oposición ha tenido que presentar un programa o establecer prioridades para ganar unas elecciones. Bastaba con desacreditar de forma sistemática al partido del Gobierno durante su mandato. Eso fue lo que hizo Nueva Democracia en 2004 para ganar las elecciones contra el Pasok, y así también actuó el Pasok para resultar elegido en 2009.

Esta política recibe un nombre en Grecia. Se la denomina «política de la fruta madura». ¿Cómo conseguir un consenso? Sería casi un milagro. Y los milagros se nos terminaron con los Juegos Olímpicos de 2004. Ahora la Unión Europea culpa de todo a los griegos. Pero Grecia no constituye un buen ejemplo para identificar los fallos de un sistema que, desde la década de los noventa, se ha instaurado en todo el mundo. Nosotros lo hemos hecho casi todo mal y, por eso, ahora tenemos que pagar este precio. Irlanda, en cambio, sí es un buen ejemplo. Los irlandeses lo hicieron todo bien y a pesar de ello, están arruinados. No hace tanto tiempo que los europeos hablaban fascinados del «modelo irlandés» y del «tigre celta». ¿Qué queda de todo ello?

Hemos vivido gracias a los préstamos y por eso ahora nos hundimos. Los bancos irlandeses consiguieron ganancias a través de sus créditos, y por eso ahora se hunden. En ambos casos, el denominador común es el préstamo. Y los préstamos no son una excepción, muy al contrario: son inherentes al sistema. Ni los europeos ni los griegos saben si será posible salvar a Grecia. Un Gobierno deteriorado por luchas internas y que, acobardado, sólo se atreve a dar pequeños pasos, no constituye una gran ayuda.

También la Unión Europea nos muestra una imagen desoladora. Los gobiernos de los estados miembros se dejan llevar por sus artimañas, con el electorado en mente, y, de este modo, pierden un tiempo muy valioso. Si, por este motivo, otros estados de la Unión Europea caen con Grecia en el abismo, entonces no será Grecia la única que cargue con la culpa, sino la Unión Europea con sus políticas cuadriculadas.

23-24 de julio de 2011

Crisis sin perspectivas

¡Realmente vivimos tiempos sombríos!
La palabra inocente es locura. Una frente sin arrugas
denota insensibilidad. El que ríe todavía no ha recibido
[la terrible noticia.

Estos versos no fueron especialmente compuestos por algún poeta griego con ocasión de la crisis financiera que hoy atravesamos. Pertenecen a un poema titulado «A los que vendrán», que Bertolt Brecht escribió poco después de que comenzase la segunda guerra mundial.

Hace años que conozco este poema, incluso llegué a traducirlo al griego. Hace poco lo leí de nuevo y me pareció que resumía a la perfección la situación actual de nuestro país. Porque también nosotros vivimos tiempos sombríos, en los que las palabras inocentes resultan casi demenciales. Y también, entre nosotros, aquellos que todavía ríen lo ignoran casi todo de su despido, del recorte que va a sufrir su pensión o su sueldo, de los nuevos impuestos o de las cuotas de solidaridad. Aunque ya no hay jóvenes que rían, porque ellos sí han recibido ya la terrible noticia del paro que les espera. A estos primeros versos de Brecht, les siguen otros dos que, en mi opinión, son incluso más importantes:

> ¿Qué tiempos son éstos, en los que
> hablar de árboles es casi un delito?

Y yo me pregunto como autor: ¿es un delito hablar de árboles en medio de esta crisis que sacude Grecia sin que aparezcan perspectivas visibles de un futuro mejor?

Quizá resultase útil recordar la época tras la guerra civil, hacia el final de los años cuarenta, cuando el país era una completa ruina. Tampoco entonces los literatos escribían sobre árboles, sino sobre la miseria de las personas. Grecia estaba dividida entre nacionalistas y comunistas, pero cada bando hablaba del sufrimiento de su propia gente.

En la literatura y la poesía griega de los años cincuenta era casi un delito hablar de árboles o escribir novelas de amor. En ambos casos, el autor era despreciado por la crítica. En ese tiempo, en las ciudades grandes de Grecia como Atenas y Tesalónica, existía una pequeña pero activa comunidad de lectores, que leían con avidez lo que publicaban las editoriales, sobre todo poesía. Tras la guerra civil, y hasta los años setenta, la poesía griega vivió una época de esplendor.

Incluso quienes no leían poesía tenían la posibilidad de escucharla, y no sólo declamada, sino interpretada por compositores tan conocidos como Manos Hadjidakis, Mikis Theodorakis o Stavros Xarchakos. Los poemas de los dos premios Nobel Giorgos Seferis y Odysseas Elytis, los poemas de Yannis Ritsos, los poemas y canciones de Nikos Gatsos se cantaban por todas partes: en las ciudades y pueblos, en las tabernas y en las manifestaciones. También la canción popular vivió su época dorada.

Quizá porque no había árboles. Porque, después de la guerra civil, apenas quedaban árboles. La mayoría habían desaparecido en incendios durante la guerra y los pocos que quedaban se utilizaban como leña para el fuego.

También hoy en día arden en nuestro país bosques enteros, pero no porque carezcamos de leña. Los queman las mafias rurales, y los terrenos que quedan tras esos incendios se venden de forma ilegal a los nuevos ricos para que puedan construir en ellos sus casas de campo.

Podría compararse la situación actual de Grecia con el verso inicial del *Don Carlos* de Schiller, pronunciado por Domingo:

> Pasaron los hermosos días de Aranjuez.

¿Pueden los libros constituir una ayuda en tiempos de una crisis de tanta gravedad? ¿Puede la literatura ayudarnos en estos casos? La crisis que hoy por hoy arruina nuestro país no es una crisis exclusivamente financiera; es también una crisis social y una crisis del sistema político.

Si uno piensa en el pasado de Grecia, es posible contestar afirmativamente a esta pregunta, sin darle demasiadas vueltas. Sí, decididamente, la literatura y los libros pueden ayudar en tiempos de crisis. Pero sólo con dos condiciones.

La primera condición es que los literatos comprendan la crisis; que la comprendan en toda su magnitud y con todas sus consecuencias. Así lo hacían los escritores y los poetas griegos en los años cincuenta. Y, aunque no constituyera un delito hablar de árboles, estos autores también sabían que a sus lectores les abrumaban otras preocupaciones y prioridades. Basta un único ejemplo: también hoy resulta difícil hablar de árboles, cuando la tasa de paro juvenil asciende al 41 por ciento y la de suicidios se sitúa en torno al 25 por ciento.

La segunda condición es que los ciudadanos no sólo presten atención a las afirmaciones y declaraciones de los políticos en los informes diarios de los medios de comunicación, sino que sientan la necesidad de buscar refugio en la literatura. Y que lo busquen porque el refugio que proporciona la literatura representa una liberación, no tanto de las preocupaciones del día a día, sino más bien de la presión continua que angustia al individuo en tiempos de crisis. Brecht, que también vivió tiempos muy difíciles, aunque no siempre relacionados con una gravísima crisis financiera, lo describió de forma clara y concisa en su poema «Leyendo a Horacio»:

> Ni siquiera el diluvio
> duró toda la eternidad.
> Un día se estancaron
> las oscuras aguas.
> Pero, es verdad,
> ¡fueron pocos los que duraron más!

De eso se trata. De sobrevivir. Se trata de durar más que el diluvio o, en su caso, que la crisis. La literatura y la poesía pueden aliviar la supervivencia o, al menos, hacerla más tolerable.

Mi editor suizo, Daniel Keel, que por desgracia falleció hace dos meses y al que tengo tantas cosas que agradecer, me comentó en una ocasión: «Las crisis financieras son una bendición para los editores. Durante la crisis se leen y se regalan más libros, porque un libro es una gran compañía en momentos difíciles y además es un regalo económico, pero muy bien valorado».

Este hecho me lo confirmó igualmente, hace unos años, un librero de la ciudad de Graz. «La tendencia en el mercado del libro sigue un camino contrario a la del mercado general», me explicó en una ocasión. «Cuando el mercado florece, al libro no le va especialmente bien. Si el mercado cae en una crisis, el mercado del libro sigue adelante.»

Pero estas conclusiones no son extrapolables a Grecia, donde el volumen de ventas en el sector editorial ha descendido un 45 por ciento desde el inicio de la crisis. Las editoriales no se desaniman y continúan sacando libros al mercado, pero los griegos prefieren ver la televisión en lugar de leer un libro, porque tienen la esperanza de enterarse de más detalles sobre la crisis en las noticias y en otros programas de televisión que en la literatura.

Sin embargo sería injusto echar toda la culpa al público. Tampoco los escritores se ocupan de la crisis. Tanto los ciudadanos como los literatos parecen haber decidido ignorar la crisis y protegerse así de ella. Con lo que, al final, no se trata de los árboles, sino de un profundo cambio cultural.

En los años que siguieron a la guerra civil, Grecia era un país pobre con un nivel cultural y literario muy elevado. No me refiero sólo a los grandes nombres de la poesía de posguerra, como Seferis, Elytis o Ritsos, a los que ya he aludido.

Existía toda una generación de poetas, pertenecientes a la «Generación de la derrota», tal como se denomina en Grecia a la generación de izquierdas que perdió la guerra. Junto a ellos, figuran también narradores como Nikos Kazantzakis, Andreas Frangis, Mimis Karagasta o Alexandros Kotzias y un autor de novela policiaca que me gusta mucho: Yannis Maris.

Jiannis Maris tuvo la desgracia de vivir en el país equivocado en un momento inadecuado. Pero sus libros fueron el precedente de la novela policiaca como novela social, en un tiempo y un país en el que este género era completamente despreciado desde el punto de vista literario. Ningún otro autor griego de novela ha descrito con tanta exactitud y acierto la clase alta en la Atenas de los años cincuenta y sesenta, compuesta de colaboracionistas de las fuerzas de ocupación alemanas y de empresarios enriquecidos durante la guerra civil.

Y no sólo se trata de narradores y poetas. También había directores de teatro como Karolos Koun, y su Teatro del Arte de Atenas, cineastas como mi amigo Theo Angelopoulos y pintores como Alekos Fassianos o Yannis Tsarouchis. Todos ellos pertenecen a esta elite artística. En aquel entonces Grecia era un país pobre que, no obstante, dominaba muy bien «la cultura de la pobreza». Se trataba de una pobreza con un altísimo nivel literario y artístico.

*

No pretendo mirar atrás con nostalgia, sino comparar la situación actual con la de entonces. Los últimos treinta y cinco años de la historia de Grecia podrían dividirse en tres etapas.

La primera correspondería a los años que sucedieron a la dictadura militar, es decir, los años comprendidos entre 1975 y 1980. Fue una época de renacimiento y grandes esperanzas. Se abolió la monarquía, se proclamó la República y, en un periodo de tiempo muy breve, se instituyeron los cimientos de una democracia institucional. Era natural que la sociedad se sintiera esperanzada, pues, al fin y al cabo, había luchado por la democracia durante más de cincuenta años.

Después, Grecia consiguió entrar en 1981 en la Unión Europea, cuando se llamaba todavía Comunidad Económica Europea, y así comenzó una etapa que yo denominaría «los años de las falsas ilusiones». La regla era: pertenecemos a la gran familia de Europa, somos ricos, podemos permitirnos tener aquello con lo que hace años sólo podíamos soñar.

Creo que no es necesario entrar en las devastadoras consecuencias económicas que produjeron estas falsas ilusiones. Hace años que todo el mundo las conoce. El país no sólo vivía por encima de sus posibilidades, sino que dio la espalda por completo a su pasado.

Quizá sea preciso explicar esto con mayor detalle. Desde sus inicios, el Estado moderno griego está construido sobre dos pilares. El primero, Europa; el segundo, los Balcanes. Grecia es tan europea como balcánica. Los griegos se han visto siempre como una especie de precursores, de pioneros, porque sus antepasados definieron el rumbo democrático de Europa. Sin embargo, tan pronto como una potencia europea presionaba a Grecia, el país se sentía parte de los Balcanes, oprimido, casi explotado por los europeos.

La naturaleza bipolar de los cimientos griegos ha sido fuente de inspiración para la poesía, la literatura y el arte. Grecia se construye sobre una contradicción, y por todos es sabido cuán productivas pueden resultar las contradicciones para el arte. Los poetas, los narradores, pero también los dramaturgos y los cineastas, han intentado siempre establecer un puente entre los Balcanes y Grecia. Las películas de Theo Angelopoulos, por ejemplo, tematizan a menudo esta época y sus tensiones.

Durante los años de las falsas ilusiones desaparecieron estas contradicciones tan productivas. No sólo tiramos por la borda la «cultura de la pobreza», sino también, junto con sus valores, nuestras raíces y nuestro futuro, porque erróneamente creíamos que estos valores eran parte de nuestra pobreza y ya no los necesitábamos.

No quiero que nadie me malinterprete. No soy un romántico del pasado y considero que la entrada de Grecia en la Unión Europea fue un paso hacia delante. Sin embargo, las falsas ilusiones tuvieron una consecuencia negativa: permitieron a Grecia no tener que enfrentarse con su propio pasado. De existir un conato de debate con el pasado, éste tiene lugar sólo en la literatura y en el cine, pero apenas en la política o para los historiadores.

Ahora nos encontramos en la tercera etapa de nuestra historia contemporánea tras la dictadura militar. Una época que yo denominaría el tiempo de la desilusión.

*

Mientras escribo estas líneas, ignoro si Grecia seguirá siendo miembro de la eurozona dentro de algún tiempo. Para mí no cabe la menor duda de que la gran mayoría de los ciudadanos griegos están a favor del euro y de la pertenencia a la Unión Europea. Sin embargo, el país se encuentra en una situación tan desastrosa que esta afirmación ya no es suficiente. Necesitamos con urgencia un debate público para determinar en qué nos hemos equivocado. Los escritores y artistas pueden hacer importantes contribuciones a este debate.

El error más grave fue considerar la Unión Europea como el cuerno de la abundancia. Descuidamos, por no decir que despreciamos, la responsabilidad comunitaria y la solidaridad. Por el contrario, intentamos trasladar todos nuestros problemas nacionales a la Unión Europea. Primero, los problemas con Turquía, luego los de Chipre y los de Macedonia. Hemos hecho uso de la solidaridad unilateralmente, sin querer ver que otros países de la Unión Europea también tienen sus propias preocupaciones y problemas y que no podían ocuparse únicamente de nuestros asuntos. Menciono esto como una prueba de la supervivencia de la mentalidad balcánica, pero no ya como una contradicción productiva sino como una sombra del pasado.

En tercer lugar, apenas hemos invertido, o hemos invertido mal, no sólo en economía, sino tampoco en cultura.

Les daré un ejemplo. Hace poco pasé un mes en España, un país que también vive tiempos muy difíciles. Pero soy optimista con respecto a España y por una razón muy simple. Madrid tiene unas ochenta bibliotecas públicas. Barcelona, treinta y cinco. Incluso Sevilla, en la empobrecida Andalucía, tiene una biblioteca pública que me produjo envidia nada más entrar en ella.

También en Grecia tenemos, en una pequeña ciudad como Veria, una biblioteca modélica, que incluso fue premiada por la Unión Europea. Pero el número de bibliotecas públicas en Grecia no supera las veinticinco. Sin embargo, los libros no son una propiedad privada, también necesitan una residencia pública. Simplemente, no quisimos verlo cuando teníamos el dinero para invertir. Ahora, en estos tiempos de crisis, cuando necesitamos la poesía, la literatura y, en general, los libros, nos faltan las bibliotecas públicas. El dinero se ha esfumado y hemos conseguido poco.

*

Estoy lejos de creer que la Unión Europea lo ha hecho todo bien. Ha cometido muchos errores, y sigue cometiéndolos, también con respecto a Grecia y el sur de Europa. Sin embargo, no tiene ningún sentido hablar de los errores ajenos cuando no logramos aclararnos con los nuestros.

Desde la refundación del Estado, Grecia ha experimentado muchas crisis. En 1893 se produjo la primera bancarrota. En 1922 vino la crisis de Asia Menor, tras la aventura griega en aquella región. Siguieron la Ocupación alemana en 1940 y por último la guerra civil, por citar sólo algunos ejemplos.

Pero en todas estas crisis el país tenía una perspectiva, un vislumbre de esperanza. Los griegos siempre decían: «Dentro de algunos años, las cosas nos irán mejor». La crisis que vivimos ahora carece, sin embargo, de perspectivas, de esperanzas visibles. El desaliento y la rabia se unen ante esta realidad sin esperanza.

Muchos griegos citan hoy a Heine sin saber que están citando a Heine:

> Por la noche pienso en Grecia;
> luego, llega el sueño

Esto muestra que la literatura pervive en todos los tiempos, incluso en los más sombríos, aquellos en los que hablar de árboles es casi un delito.

9 de noviembre de 2011

Las luces se apagan en Atenas

En Grecia, además de nuestro Parlamento con sus siete partidos políticos, existe un sistema no parlamentario que forman cuatro partidos: son los cuatro pedazos en los que se ha quedado dividida nuestra sociedad después de dieciocho meses de crisis económica. El creciente agravamiento de la crisis y la lucha diaria por la supervivencia no han logrado acortar las distancias entre estas partes. Muy al contrario, la brecha que las separa es cada vez mayor. Y, aunque se crean coaliciones entre ellas, hay también guerra de trincheras.

En primer lugar, encontramos el «partido de los beneficiarios», al que pertenecen todos esos empresarios que se han beneficiado del mercantilismo político durante los últimos treinta años, especialmente las empresas de construcción. Éstas vivieron su apogeo en el preludio de los Juegos Olímpicos de 2004, cuando se aprovecharon de un Estado que se veía obligado a pagar a un precio inusitado cualquier encargo urbanístico.

También pertenecen al partido de los beneficiarios las empresas que abastecían a los servicios públicos, por ejemplo, aquellas que suministraban productos farmacéuticos y equipos médicos a los hospitales estatales. Hasta hace muy poco tiempo los griegos no eran conscientes del volumen de dinero que se ha despilfarrado en este sentido. Hasta ahora eran los hospitales los encargados de comprar las medicinas y los equipos médicos. Ahora el Ministerio de Sanidad ha establecido que la adquisición de productos se realice a través de internet y ha puesto a disposición de las instituciones 9.937.480 euros, una suma que se adecúa al volumen de gasto que se había venido generando hasta el momento. Sin embargo, esta operación ha revelado que el precio real de los medicamentos sólo asciende a 616.505 euros, es decir, un 6,2 por ciento de la cantidad que se había invertido anteriormente.

Sin las nuevas medidas de contención del gasto todo habría continuado como antes, puesto que precisamente estos «beneficiarios», las empresas de construcción y los proveedores de las clínicas, formaban una coalición con el partido del Gobierno y con sus ministros que no funcionaba nada mal. Todos en el aparato del Estado sabían de la existencia de estos contactos y del coste que suponían para la sociedad, pero todos callaban. No sólo porque los partidos se embolsaban así enormes donativos, sino porque estos sectores corruptos financiaban campañas electorales a los diputados, quienes a su vez se aseguraban buenos puestos de trabajo para sus familiares.

Al «partido de los beneficiarios» también se le podría denominar «partido de los defraudadores», pues todos ellos lo son sin excepción, especialmente los trabajadores autónomos con ingresos elevados, como médicos o abogados. Cuando un griego va a la consulta de un médico, éste le informa: «La visita son 80 euros, si quiere factura, entonces serán 110». Y así, la mayoría de los pacientes renuncian a la factura y se ahorran treinta euros. Debido al acuerdo entre estos profesionales y el partido del Gobierno, las autoridades callan y hacen la vista gorda.

Mientras tanto, el conjunto de los ciudadanos sin recursos no deja de crecer. Muchos de ellos no pueden ni siquiera costearse sus medicamentos. ¿Qué hacen entonces? Recurren a la organización Médicos sin Fronteras, que proporciona de forma gratuita algunas medicinas. Las dos clínicas de Médicos sin Fronteras que existen en Atenas están pensadas para asistir a inmigrantes sin recursos, que llegan a Grecia desde África en barcas de remos. Pero cada vez son más los griegos que piden ayuda. Algunos días hay casi mil personas haciendo cola en Médicos sin Fronteras. Entre ellos, por ejemplo, diabéticos que ya no pueden permitirse comprar insulina.

La miseria de los inmigrantes se extiende a los griegos. Hasta hace apenas medio año, cuando me asomaba a la calle desde el balcón de mi casa, veía a inmigrantes que revolvían entre los cubos de basura, en busca de algo para comer. En las últimas semanas, se han unido a ellos cada vez más griegos. No quieren revelar su miseria, por eso hacen su ronda a primera hora de la mañana, cuando las calles están casi desiertas.

Está claro que los beneficiarios y los defraudadores no tienen tales preocupaciones. Apenas sienten que el país está en crisis. Antes de que Grecia entrase en esta situación, ya habían trasladado su dinero al extranjero. Mientras que los bancos griegos han perdido en los últimos dieciocho meses alrededor de seis mil millones de euros, los bancos extranjeros —especialmente los suizos— se frotan las manos.

Y también son los beneficiarios quienes, en evidente sintonía con el Partido Comunista, abogan por el retorno del dracma. Cuentan con multiplicar su riqueza y poder así comprar, con toda tranquilidad, una importante parte del patrimonio del Estado, que —ya sea con euros o con dracmas— deberá ser privatizado forzosamente, pues el Estado carece de recursos.

Una tercera —y fatal— coalición la forman el Gobierno griego y los agricultores, que también son a su vez miembros del partido de los beneficiarios. Desde la entrada de Grecia en la Comunidad Económica Europea (CEE) en el año 1981 todos los gobiernos griegos se han quejado del destino de sus «pobres campesinos» y han proclamado que éstos merecían una vida mejor. Hace tiempo que estos agricultores se han asegurado una vida mucho mejor, gracias a las subvenciones agrícolas de la Unión Europea.

Dichas subvenciones se repartían de forma arbitraria, sin revisar y sin comprobar si los subsidios solicitados se correspondían con la producción real. Los agricultores enterraban sus productos, proporcionaban cifras falsas y se llevaban el dinero. Además, el Banco Agrícola Griego les otorgaba generosos créditos que, a día de hoy, todavía no han sido devueltos. Mientras, en el Gobierno, los amigos de los agricultores no ejercían presión alguna, porque los votos del campo eran muy valiosos. En la actualidad el Banco Agrícola está en quiebra y estos campesinos se pasean por su pueblo en sus Jeep Cherokee.

El segundo de los cuatro partidos en los que Grecia se divide en la actualidad podría denominarse el «partido de los honrados», aunque yo prefiero llamarlo el «partido de los mártires». A este partido pertenecen los dueños de pequeñas y medianas empresas, sus trabajadores y los pequeños autónomos, por ejemplo los taxistas o los técnicos. Ellos rebaten la opinión, tan extendida en Europa, de que los griegos son unos comodones y se zafan del trabajo. Trabajan duro y pagan religiosamente sus impuestos. Sin embargo, aunque el partido de los mártires es el mayor de los grupos no parlamentarios, no es lo suficientemente fuerte para aliarse con nadie. Por eso lo explotan por todas partes. Son los que mayores sacrificios realizan a causa de la crisis, por eso me gusta llamarlos mártires.

El mayor golpe para la pequeña y mediana empresa es la recesión. El desolador paisaje de las tiendas o negocios vacíos comienza a ser un elemento común en todos los barrios de Atenas, incluso en las zonas comerciales más elegantes. Por ejemplo, la calle Patission. La Patission, como la llaman los atenienses, es la más antigua de las tres calles en las que se divide el centro de la capital y se considera el bulevar de la clase media. Como vivo por esa zona, conozco muy bien la calle. La Patission estaba siempre muy mal iluminada, pero no importaba porque los escaparates brillaban con luz propia. Estos días, por la noche la calle está oscura como boca de lobo: uno de cada dos comercios ha cerrado y los que todavía siguen abiertos, intentan sobrevivir a golpe de ofertas especiales.

En la calle Aiolous, una vía también situada en el centro y que siempre había constituido un destino comercial para aquellos con menos ingresos, la situación es aún más terrible. Quedan todavía algunas tiendas, pero están vacías, los clientes no acuden a comprar. Así que la calle Aiolous se ha convertido en una zona peatonal sin peatones. «¿Cuánto tiempo podré aguantar?», me preguntaba la dueña de una pequeña tienda de ropa de caballero en la que entré a comprar calcetines. «Pueden pasar días hasta que aparece un cliente.» En los últimos tiempos, uno vacila mucho antes de entrar en un comercio, porque, tan pronto como se ha cruzado el umbral, el dueño o los dependientes le bombardean a uno con lúgubres noticias. La dueña de la tienda de ropa de caballero no aguantó mucho: cuando el sábado pasado regresé a la calle Aiolous, su negocio también había cerrado.

Una amiga de mi hermana trabaja en una pequeña empresa especializada en la construcción de viviendas. Es la única empleada: el dueño se ha visto obligado a despedir al resto del personal. ¿Quién quiere construir casas cuando por todas partes hay viviendas en venta que tampoco compra nadie? Hace siete meses que la amiga de mi hermana no cobra su sueldo, sin embargo, está feliz porque, al menos, conserva su puesto de trabajo.

Lo peor para los miembros del partido de los mártires es el desánimo. Han perdido la esperanza. Para ellos, tras la crisis no se esconde perspectiva alguna de alcanzar un futuro mejor. Cuando uno habla con ellos, no es posible dejar de pensar que sólo están esperando a que llegue el final. Cuando una gran parte de la sociedad no logra reunir el optimismo necesario, significa que la vida es en verdad agobiante. En muchos de los bloques de viviendas en los que viven ciudadanos con ingresos escasos o moderados ya no se enciende la calefacción. Las familias carecen de dinero para gasóleo, o prefieren utilizarlo para otras cosas.

Yo no conduzco. Tengo un taxista que me lleva o me recoge del aeropuerto. Su nombre es Thodoros, no está casado y vive solo. «¿Qué le parece Lucas Papademos?», me preguntó la semana pasada de regreso del aeropuerto. Le dije que Papademos representaba la elección más correcta para ser el jefe de nuestro Gobierno, porque es un hombre inteligente y decente que, además, goza de una gran reputación tanto en Grecia como en la Unión Europea. «No sé. Está claro que no me va a proporcionar más clientes», respondió, resignado, mi conductor. «Eso sería pedir mucho», le contesté. «Mire», intervino Thodoros, «yo pago por el alquiler de este taxi 350 euros a la semana. Trabajo los siete días, pero sólo me llega para pagar el alquiler. Muchas veces tengo que poner yo mismo dinero. Sea quien sea el presidente, Papademos u otro, mi negocio está acabado.»

A los griegos les gusta ir en taxi, porque es muy barato. Por 3,20 euros se puede llegar a cualquier lugar en el centro de Atenas y una carrera un poco más larga nunca cuesta más de seis euros. Hasta hace medio año, en las horas centrales del día era casi imposible encontrar un taxi libre. Ahora por todas partes es posible ver largas colas de taxis a la espera de clientes, no sólo al mediodía, sino también por la noche y durante el fin de semana.

Y esto no es lo peor. La recesión no es la única preocupación de los mártires. A pesar de que sus negocios ya no rinden, están obligados a pagar sus tributos por partida triple: primero, el impuesto sobre la renta, después diferentes impuestos adicionales y, por último, un complemento de solidaridad. Un impuesto este, el de solidaridad, que el año próximo deberán abonar en dos ocasiones, mientras que otro impuesto indirecto, el IVA, se incrementó dos veces durante el año pasado.

Mientras que los defraudadores no pagan nada o casi nada de estos impuestos adicionales o del complemento de solidaridad, porque muchos no presentan la declaración de hacienda o disfrazan una gran parte de sus ingresos, los ciudadanos honrados no pueden casi ni respirar.

Al grupo de los mártires pertenecen también los empleados y los trabajadores en paro del sector privado. En la actualidad, son muy pocos los trabajadores griegos a los que se les paga puntualmente su sueldo. La mayoría lo cobra en pequeñas cantidades y con un retraso de varios meses. Y todos pasan grandes dificultades y, sobre todo, viven angustiados, con el temor de que la empresa donde trabajan se vaya a pique de un día para otro.

La contención del consumo y la falta de créditos ha frenado el crecimiento económico del país y, por este motivo, son muchas las pequeñas empresas que se hunden estos días. Desaparecen, pero no se llevan consigo las numerosas deudas contraídas. Mi cuñado, representante de moda infantil, me contaba entristecido que sólo la pasada semana había vivido tres casos semejantes. Es desesperante.

Ahora, delante de las oficinas de empleo, se ven largas colas de parados que cada mes aguardan pacientemente la orden de pago con la que el banco debe transferirles su subsidio. Sin embargo, nunca pueden tener la certeza de que el pago llegue a principios de mes. A veces, tienen que esperar algo más para cobrar sus 416,50 euros, pues el número de parados no deja de crecer y a las oficinas de empleo se les termina el dinero.

Tras el colapso del aparato estatal y, sobre todo, del sistema fiscal, el Ministerio de Hacienda tuvo la brillante idea de cobrar impuestos a través de la factura de la luz. A quien no paga sus impuestos, se le corta la luz. He visto imágenes en la televisión griega de personas mayores que hacían cola en las oficinas de la compañía eléctrica para pagar el primer tramo de sus impuestos. Me entraban ganas de llorar. «El primer tramo asciende a 250 euros», decía un hombre de unos sesenta y tantos años a la cámara. «A mí me dan una pensión de 400 euros, ¿cómo voy a vivir durante todo un mes con los restantes 150?» En ese momento, recordé mi regreso a Grecia en los años sesenta. Entonces me recibió una de las más curiosas estampas que uno pueda imaginar: de los tejados de alquitrán de muchas de las casas de una planta que poblaban los barrios obreros sobresalían llamativas varas de hierro. Eran horribles, pero representaban una promesa: el sueño de la segunda planta. El sueño del apartamento para el hijo o la hija en el piso de arriba. Durante toda su vida esa gente había ahorrado dinero para hacer realidad ese sueño, sacrificando cada céntimo. Y ahora se lo están quitando. Un sistema político en ruinas basado en su nepotismo tóxico y su falsa riqueza han destrozado la dignidad de un pueblo.

Otro partido es el «partido de los Moloch», cuyos miembros han sido reclutados entre las filas del aparato estatal griego y sus empresas. El partido se divide en dos grupos. Al primero de ellos pertenecen los funcionarios y los empleados de los servicios públicos y las empresas estatales. En el segundo grupo se encuentran los sindicatos. El partido de los Moloch es el brazo no parlamentario del Gobierno y el garante del sistema mercantil, pues está compuesto principalmente por cuadros y funcionarios del partido.

El sistema tiene una historia muy larga, que se remonta al final de la guerra civil, en los años cincuenta. Fue entonces cuando los nacionalistas, ganadores en la contienda, llenaron la Administración de compañeros de trinchera y fieles correligionarios. Era el premio por su lealtad a los ideales nacionalistas.

Después, en 1981 —poco después de la entrada de Grecia en la CEE— llegó al poder el primer Gobierno del partido socialista, el Pasok. Y, con ellos, se convirtieron en principio político las prácticas y comportamientos anteriormente descritos. Al comienzo sus argumentos parecían, más o menos, sensatos y contaban con el beneplácito de la población. Según el Pasok, tras el largo dominio de los partidos de derechas, el aparato estatal estaba condicionado para rechazar las fuerzas liberales y sería imposible gobernar si su gente de confianza no ocupaba los puestos clave en la Administración. Sin embargo, no se conformaron sólo con los puestos clave, y muy pronto todo el aparato estaba en manos de miembros del Pasok y sus contactos. Casi uno de cada dos militantes del partido obtuvo durante estos años un puesto en la Administración. Desde entonces, todos los gobiernos han comulgado con esta política de «enchufes», hasta los primeros meses de la crisis. Hasta entonces había suficiente dinero, gracias a las subvenciones de la CEE y más tarde de la Unión Europea. Cuando el dinero escaseaba, se cubrían los agujeros a golpe de crédito. Y, mientras tanto, la mayoría de los miembros del partido en la Administración no trabajan o hacen sólo lo indispensable. Una amiga, ingeniera en un organismo estatal, me contaba su experiencia: Hace un año llegó un nuevo compañero a la oficina. El primer día anunció: «Queridos compañeros y compañeras, he olvidado todo lo que aprendí en la universidad». No trabajó ni un solo día y aquello no pareció contrariar a ningún superior.

Pero el partido de los Moloch está dividido. Una parte se sentiría mucho más cómoda en el partido de los mártires. Se trata de esos funcionarios que no accedieron a sus puestos a través de contactos en el partido, sino que tuvieron que realizar una oposición. Son los únicos funcionarios que trabajan de verdad, en ocasiones llevando la carga de dos o tres compañeros que son miembros del partido. Son las víctimas del sistema. La otra sección del partido de los Moloch no sólo cuida sus contactos con el partido del Gobierno, sino con el partido de los beneficiarios y tiraniza al país desde hace más de treinta años.

La peste de los defraudadores, que ha arruinado el presupuesto nacional, no habría sobrevivido sin la connivencia de las oficinas de Hacienda y sus corruptos empleados, cuyo afán de cooperación ha sido tradicionalmente objeto de generosas gratificaciones por parte de los defraudadores.

Hoy, entre el funcionariado, se escucha un profundo grito de lamento porque su sueldo se ha visto reducido un 30 por ciento. Aunque este recorte no afecta a todos por igual. Es cierto que las víctimas del sistema han perdido un tercio de sus ingresos reales. Sin embargo, los aliados de los beneficiarios perciben adicionalmente ganancias en negro, con lo cual los recortes oficiales se verán compensados con estos sobresueldos ilegales.

Los sindicatos constituyen un subgrupo dentro del partido de los Moloch. A menudo, se publican en la prensa alemana artículos sobre las huelgas generales y las manifestaciones en Grecia. Cuando viajo a Alemania a presentar mis novelas, todos me preguntan: ¿por qué los griegos hacen tantas huelgas?

La única huelga general celebrada en Grecia en los últimos años tuvo lugar hace unas semanas, como respuesta al paquete de recortes aprobado por el Parlamento. En la manifestación que siguió a la huelga (en Grecia no puede haber huelga sin manifestación, incluso la huelga más pequeña tiene su manifestación), unas ciento cuarenta mil personas se congregaron en la plaza Syntagma frente al Parlamento. Fue la manifestación más numerosa desde hacía años. Incluso los comerciantes cerraron sus puertas, no porque tuvieran miedo de posibles disturbios, sino porque también ellos fueron a la huelga.

Ninguna de las huelgas anteriores había sido general, aunque los sindicatos opinen lo contrario. Eran huelgas convocadas por los privilegiados trabajadores de los servicios públicos. Los trabajadores del sector privado iban a trabajar, como cada día.

La cuestión es que los sindicatos griegos no tienen ningún poder sobre los trabajadores del sector privado y, por el contrario, campan a sus anchas en el sector público, en el que, en cualquier momento, pueden convocar y celebrar una huelga, para la que movilizan alrededor de diez mil manifestantes, todos ellos empleados de los servicios públicos.

También el poder de los sindicatos tiene su historia. El antiguo primer ministro y fundador del Pasok, Andreas Papandreu, gobernó el país como si hubiera sido un monarca. Y, como buen monarca, se rodeó de «nobles» para consolidar su poder. Por un lado, estaba la corte, o lo que es lo mismo, los miembros del Gobierno y los caciques del partido. Por otro, la burguesía, compuesta por los sindicalistas y los funcionarios pertenecientes al partido, con puestos en la Administración y en las empresas públicas. Y, por último, la nobleza rural con sus funcionarios que regalaban las subvenciones de la Unión Europea a los agricultores.

Las instituciones democráticas no dejaban de funcionar, pero una sola palabra del monarca bastaba para que un noble cayese en desgracia y perdiese su puesto. Por el contrario, los sindicalistas y los funcionarios del partido contaban con la predilección del monarca, que les otorgaba un poder sin límites.

Esta relación con el aparato del partido que ostentaba entonces el poder fortaleció enormemente a los sindicatos y los dotó de innumerables privilegios. Nada en las empresas públicas sucede sin la aprobación de los sindicatos. Los empleados que trabajan en la administración de estas empresas no se atreven a enfrentarse a ellos, pues temen un posible conflicto con los ministros responsables y el aparato del partido. En caso de desacuerdo entre los sindicatos y la dirección de la empresa, intervendría el ministro y la dirección se llevaría la peor parte.

Las huelgas en los organismos y en las empresas estatales, que, en ocasiones, tienen lugar una vez a la semana, como las «manifestaciones de los lunes» en Leipzig,* son un último y desesperado intento por parte del partido de los Moloch de asegurar sus privilegios o, al menos, de salvar lo que quede por salvar.

Son los miembros del partido de los mártires los más afectados por tales huelgas. Durante las manifestaciones, se cierra al tráfico el centro de Atenas y los comercios deciden no abrir por temor a comportamientos desmedidos. Cuando los empleados del transporte público hacen huelga, lo que sucede una y otra vez, no hay un alma en el centro de la ciudad y las

* El autor se refiere aquí a las manifestaciones que, durante el año 1989, se celebraban en la ciudad alemana de Leipzig y que impulsaron la caída del Muro y el proceso de reunificación de Alemania. *(N. de la T.)*

tiendas pierden los pocos clientes que todavía quieren comprar algo. Cuando no hay autobuses o metro, los trabajadores deben ir a trabajar a pie o en bicicleta, y eso les lleva una o dos horas. Pero tampoco pueden permitirse quedarse en casa, porque temen perder su trabajo, ellos, los mártires.

No es complicado ver que unos buscan su beneficio a costa de los otros. Tampoco lo es ver en qué medida la sociedad griega carece de solidaridad. Son los más débiles los que están pagando el precio por la lucha que tiene lugar entre los sindicatos y el Gobierno debido a los recortes. Se han convertido en rehenes de los sindicatos.

El cuarto y último partido de la sociedad griega es el que más me preocupa. Es el «partido de los desesperanzados»: los jóvenes griegos, sentados todo el día frente al ordenador, buscando en internet, desesperados, un trabajo, sea donde sea.

No son emigrantes como sus abuelos, que en los años sesenta llegaron a Alemania desde Macedonia y Tracia para buscar trabajo. Estos jóvenes han ido a la universidad, algunos incluso tienen un doctorado. Sin embargo, cuando terminan la carrera se van directos al paro.

Yo nací y crecí en Estambul y hace muchos años que vivo en Atenas. El caso de mi hija es el contrario: ella nació en Atenas, pero ahora vive en Estambul. Un proceso que podría denominarse repatriación de la segunda generación y del que mi hija no es, en modo alguno, el único ejemplo. Un aluvión de jóvenes han emigrado en los últimos años a Estambul. Allí se dirigen al patriarcado ecuménico de los cristianos greco-ortodoxos, donde piden trabajo y ayuda en la búsqueda de alojamiento. El paro juvenil en Grecia ha puesto fin a nuestra antigua enemistad con Turquía.

Ya sea a causa de la recesión, de las medidas de contención del gasto, del recorte de la deuda o de las reformas, el caso es que vamos a sacrificar a tres generaciones en nombre de la crisis. Hoy son los jóvenes los que más pierden; mañana lo seremos nosotros, porque en algunos años nos faltarán las fuerzas para seguir luchando.

Los únicos que vienen al país ahora son personas que están pasándolo todavía peor. Todos los días compro los periódicos en el quiosco de la esquina. Su dueño es albanés.

—Mire —me dijo anteayer cuando fui a recoger los periódicos. Señalaba a un africano que, a unos pasos, rebuscaba en la basura—. Habría que mandarlos a todos de vuelta.

—¿Es que ya se ha olvidado de que, hace veinte años, los griegos lo insultaban, llamándolo «albanés de mierda»? —le pregunté, lleno de rabia.

—Es cierto, pero ahora esa época se ha terminado. Ahora nuestros hijos van a colegios griegos, hablan griego perfectamente y no se les puede diferenciar de los niños griegos —me respondió—. Algunos de nosotros tenemos incluso la nacionalidad griega. Aunque tengo un problema: ¿debo volver a Albania como griego o como albanés?

—¿Es que quiere volver?

—Bueno, el quiosco no va mal, pero no saco lo suficiente para mantener a dos familias. Mi hijo está casado y en paro. Su mujer es griega y no quiere irse a Albania. Así que volveré yo con mi mujer y mi hijo se quedará con el quiosco. Pero, si vuelvo como albanés, mis amigos se reirán de mí. Yo, que buscaba una vida mejor en Grecia, regreso sin un céntimo. Me verán como un fracasado. Si vuelvo como griego, no dejarán de insultarme. Dirán: «Vosotros, griegos, que siempre nos habéis despreciado. Antes teníamos que esperar meses para conseguir un visado para entrar en Grecia, donde nos tratabais como escoria. Ahora sois vosotros los que buscáis trabajo en esta Albania miserable».

El dueño del quiosco no es el único que quiere regresar a su país, pues son muchas las familias albanesas que ya han abandonado Grecia.

El 28 de octubre muchos alumnos aparecieron en el desfile de un colegio en Atenas con un pañuelo negro anudado al cuello. Precisemos que el 28 de octubre, una fecha que los griegos consideran una fiesta nacional, conmemora la ocupación de su país por parte del Ejército de Mussolini en 1940, que concluyó con una gran victoria de los griegos contra los fascistas italianos.

Las reacciones ante el desfile de los pañuelos negros no se hicieron esperar: «Una afrenta contra la fiesta nacional», proclamaban los periódicos. Los presuntos agitadores eran sencillamente alumnos del barrio Agios Panteleimon, una de las zonas más deprimidas de la capital, que cuenta con una de las tasas de desempleo más elevadas de toda el Ática.

Para superar las pruebas de acceso a la universidad, los alumnos deben asistir a las denominadas escuelas preparatorias. Quien no acude a ellas tiene muy pocas posibilidades de acceder a una carrera universitaria. Y eso también es válido para los jóvenes de Agios Panteleimon. Sin embargo, muchos de ellos son hijos de desempleados que no pueden asumir el coste de una escuela preparatoria y, por este motivo, se ven privados de una educación superior. «No pretendíamos estropear el desfile, simplemente deseábamos expresar nuestro malestar por el futuro que nos espera», explicaba, con gran humildad, uno de los jóvenes.

Pero también tenemos la otra cara de la moneda. La semana pasada estaba yo en el café de mi editor, cuando se me acercó una mujer de unos cuarenta años y me preguntó si podía sentarse en mi mesa. Quería hablar conmigo sobre mi última novela policiaca, *Con el agua al cuello*, que trata también del sufrimiento del pueblo griego bajo la crisis. Antes de irse, la mujer me dijo:

—Soy profesora de instituto en un barrio del norte de Atenas. No pasa un día sin que me lamente de lo mal que hemos educado a estos chicos.

—¿Qué quiere decir? —le pregunté.

—Todos los días observo a los alumnos a la hora del recreo. Sólo hablan de coches, de los vaqueros de Armani o de las camisetas de Gucci. No tienen ni idea de la crisis, ni de lo que les espera. Llegan a la escuela después de haber sido mimados por sus padres y nosotros seguimos consintiéndoles todos sus caprichos.

Dos colegios, dos tipos de personas: así es Grecia. Unos, nacidos en los barrios más pobres; los otros, en los barrios más ricos. Es posible ver las diferencias incluso en los más jóvenes. Los padres de los barrios más prósperos les regalan a sus hijos un coche para compensar el esfuerzo realizado para aprobar la pruebas de acceso a la universidad. No pueden soportar que sus hijos vayan a la universidad en autobús como el resto de los estudiantes.

Una periodista que recogía información para un artículo a la puerta de una oficina de empleo, se dirigió a un joven: «Pero no escriba usted mi nombre», le suplicó. «Mi madre no sabe que estoy en el paro y hago cola aquí.»

A principios de esta semana, cuando esperaba en una parada a que llegase el autobús, escuché a un hombre que, mientras señalaba hacia la larga fila de taxis por todos conocida, decía:

—Ya nadie toma un taxi. Ni tampoco hay ya tantos atascos como antes. La gente va menos en coche, porque la gasolina cuesta dinero.

—Sí, son tiempos difíciles —le respondí.

—¡Qué va! —me replicó—, yo crecí durante los años cuarenta, en tiempos de verdadera miseria, cuando íbamos descalzos por la calle, porque sólo teníamos un par de zapatos y era necesario cuidarlos.

El hombre tenía razón. Sin embargo, las generaciones nacidas después de 1981 no han crecido en una época de verdadera miseria, sino de falsa riqueza y les entra un ataque de pánico cuando tan sólo se insinúa la palabra «renuncia». La pobreza les resulta tan ajena como el desierto. La juventud de hoy es hija de una generación marcada por la revuelta de la Universidad Politécnica, acontecida en noviembre de 1973, cuando los estudiantes decidieron sublevarse contra la dictadura militar con una huelga y sucesivas manifestaciones que terminaron en una cruenta masacre.

No obstante, la generación de la Politécnica devastó el país. Querían construir una Grecia nueva con su discurso de izquierdas, pero han fracasado. Los más decentes se han retirado y sólo se preocupan de sí mismos. Los otros se metieron en política y después se agenciaron un trabajo lucrativo, como empresarios en el sistema mercantil, o un puesto bien pagado en la Administración.

A principios de los años ochenta, conocer el discurso de izquierdas era decisivo para entrar, bajo la bandera del Pasok, en política o conseguir una buena plaza en la Administración. Quien no se sabía las consignas era considerado parte del antiguo sistema reaccionario. En los últimos años, algunas de estas personas han alcanzado una posición económica muy holgada, no obstante, eso no les impide seguir utilizando la jerga de sus años de juventud, aunque ahora sea tan sólo una máscara.

Ayer ellos estaban en la cima. Hoy son sus hijos los que caen en el abismo. Y mañana los padres experimentarán la rabia de estos niños.

1 de diciembre de 2011

La crisis tiene la última palabra

Anthi tiene diez años y Niki, siete. Son las hijas del representante griego de la Unión Europea en Bruselas. Durante el desayuno la familia habla griego. En el colegio las niñas hablan alemán. Cuando vuelven a casa, las está esperando una estudiante francesa que cuida de ellas. Con ella hablan francés. Durante la cena se cierra el círculo, y vuelven a hablar griego. Siempre que voy a Bruselas a visitar a esta familia, me pregunto si esta vida cotidiana trilingüe es una realidad de la Unión Europea, si la integración en la Unión Europea está tan avanzada que los ciudadanos de los distintos países miembros pueden comunicarse entre sí en varios idiomas.

Este multilingüismo también lo percibo cuando doy conferencias o hago presentaciones de libros en Alemania, Italia o España. Cada vez más a menudo me piden que les escriba una dedicatoria en griego porque muchos lectores están aprendiendo esta lengua. Cabe pensar que ahora los europeos estén aprendiendo lenguas europeas que no sean ni el inglés ni el alemán ni el francés. Pero quien de ahí pretenda extraer la conclusión de que la Comisión Europea es una especie de modelo europeo en miniatura estaría cometiendo un craso error. Siempre que voy a Bruselas, me acuerdo de mi padre, que me llevó a un colegio austriaco en Estambul porque en la época del milagro económico alemán estaba firmemente convencido de que el alemán se iba a imponer como *lingua franca* en los negocios. Pero ni siquiera en la Comisión se habla alemán, a pesar de que Alemania sea el país que más contribuye a la Unión Europea en el plano económico. Aunque las lenguas de todos los países miembros están representadas en la Unión Europea al mismo nivel, la inmensa mayoría de las veces se habla inglés, como en el resto del mundo. El país que más quebraderos de cabeza y complicaciones le suele dar a la Unión Europea le presta su lengua, y muchos de los funcionarios de la Unión Europea que llevan años viviendo en Bruselas sólo chapurrean el francés.

La diversidad lingüística de la familia del representante griego de la Unión Europea es una excepción. Es perfectamente posible que los niños de otras familias extranjeras crezcan en un entorno multilingüe. Pero la propia Bélgica es el ejemplo más claro de que la diversidad lingüística no siempre es sinónimo de apertura mental o de integración. El país tiene dos nacionalidades y dos lenguas oficiales. Pero los flamencos y los valones viven distanciados y no se tienen excesivo aprecio. En lugar de integración, las dos naciones se pelean por cada centímetro cuadrado de espacio lingüístico. Bruselas es la sede de una organización mundial, la OTAN, y de dos instituciones europeas, la Comisión Europea y el Parlamento Europeo. A la ciudad se le concedió esta condición especial gracias a que pasaba desapercibida. En lugar de avivar la rivalidad entre Londres y París, los líderes políticos de los años cincuenta y sesenta fueron lo suficientemente listos para elegir la discreta ciudad de Bruselas. El hecho de que su capital pase desapercibida siempre ha redundado en beneficio de los belgas. Cuando le pregunté a un diputado belga de Los Verdes por qué un político desconocido para la opinión pública europea como es Herman Van Rompuy había sido elegido presidente del Consejo Europeo, me contestó sin dudar ni un segundo: «Porque pasa desapercibido. Es simpático, bonachón, evita las controversias y, sobre todo, pasa desapercibido».

Estuve a punto de añadir la coletilla griega de «¡... el pobre!». Cuando los griegos dicen algo bueno de alguien, suelen completar su elogio con la expresión «¡el pobre!». Por ejemplo: «Es una persona muy recta, ¡el pobre...!» o «Es muy simpático, ¡el pobre...!». Nuestra niñera, a la que mis lectores conocerán por mi novela *Muerte en Estambul,** llegó incluso a decir una vez: «Le ha tocado la lotería, ¡al pobre...!». A pesar de la riqueza ficticia que los ha arruinado, para los griegos todas las virtudes siguen estando vinculadas con la pobreza. Pasar desapercibido presenta ciertas ventajas, como la de enmascarar tensiones. La tensión entre valones y flamencos no es la única que hay en Europa. Esa misma tensión existe entre el País Vasco y el Estado español, por no hablar de las tensiones entre el sur y el norte de Italia. Pero a

* Publicada por Tusquets Editores, col. Andanzas 605/5, Barcelona, 2009. *(N. del E.)*

simple vista, uno no se da cuenta de todo eso en Bruselas.

Cuando yo era joven, en Estambul se hablaban muchas lenguas. Se hablaba turco, griego, armenio y hebreo sefardí. Pero no se veía que hubiera integración. Las cuatro etnias vivían en sociedades paralelas. Bruselas también es una ciudad con sociedades paralelas. Los valones y los flamencos no son los únicos que viven separados. Los extranjeros que trabajan para las tres organizaciones tienen poco contacto con los belgas. La Unión Europea y la OTAN viven en mundos distintos. Los diputados del Parlamento Europeo sí que mantienen un estrecho contacto con la Comisión Europea y sus comisarios, pero, más allá de los contactos oficiales, no pasa de la escala nacional. Los alemanes se van con los alemanes; los griegos, con los griegos; los italianos, con los italianos; etcétera. Los políticos y los ciudadanos de los países europeos en los que hay inmigración suelen poner el grito en el cielo porque los inmigrantes viven en sociedades paralelas y no quieren integrarse. Pero los representantes de dichos países también viven en sociedades paralelas en Bruselas. El Parlamento Europeo es el que más se acerca a la integración europea. Allí se hablan las cosas abiertamente, y los parlamentarios son gente accesible que no tiene prejuicios o tiene muy pocos. La mayoría de los parlamentarios transmiten una imagen de Europa más objetiva que la de los funcionarios de la Comisión. Quizá se deba a que los parlamentarios están menos inmersos en la rutina política diaria de la Unión Europea que los funcionarios. O tal vez sea porque no tienen la misma opinión que la Comisión en todas las cuestiones y entre ellos critican abiertamente a la Comisión.

Pero no sólo hay una relación fría entre valones y flamencos. La relación entre el sur de Europa, por un lado, y los países centroeuropeos y del norte de Europa, por el otro, ha ido a peor desde el comienzo de la crisis. Esto se refleja en el plano político y también entre los funcionarios de los distintos países miembros. Los griegos se sienten muchas veces humillados por el resto de países centroeuropeos y del norte de Europa, con razón o sin ella. Cada vez tienen más la sensación de que los toleran, en lugar de aceptarlos. Los alemanes, por su parte, están sufriendo una especie de «extenuación griega». Los griegos son una carga para ellos, y creen que va a ser el cuento de nunca acabar. Esta sensación se nota sobre todo entre los expertos en economía, pero también la tienen otros funcionarios. Hasta los funcionarios del sur intentan alejarse de los griegos. Esto es algo que recalcan los políticos de los países del sur de Europa siempre que tienen ocasión, y los funcionarios de estos países de la Unión Europea también lo repiten.

Uno podría explicar esta postura como una falta de solidaridad. Pero en lo económico hay solidaridad. Grecia no es la única que recibe un apoyo solidario por parte de la Unión Europea. Lo que falta es la solidaridad entre las personas. Pero una falta de solidaridad sería una explicación demasiado simple. Lo que no se tuvo en cuenta en la unificación europea fueron los valores. El reto de los padres fundadores de la unificación europea fue crear una comunidad basada en los valores europeos comunes a partir de un continente con distintas historias nacionales, distintas culturas y distintas tradiciones. La comunidad original, la CEE, no era únicamente una comunidad económica europea, sino también una comunidad europea de valores. Los valores europeos comunes fueron el vínculo, el denominador común, que unificó a los estados europeos bajo un mismo techo. El objetivo era una diversidad con valores comunes.

Con la introducción del euro no se tuvieron en cuenta todos estos valores y se identificó a Europa con el euro, y ahora, con las medidas de rescate del euro, estamos tirando por la borda los valores comunes, la diversidad de las historias europeas, las distintas culturas y tradiciones, como si fueran un lastre. Europa ha invertido mucho en la economía y en las finanzas, pero poco en la cultura y en los valores comunes. El Acuerdo de Schengen abrió las fronteras entre los estados miembros de la Unión Europea, pero ¿qué sabe la inmensa mayoría de los europeos sobre los italianos, aparte de la Toscana, sobre los españoles, aparte de Mallorca, y sobre los griegos, aparte de Creta y las Cícladas?

Ahora, en tiempos de crisis, vemos el gran desconocimiento que hay de la diversidad cultural de Europa. En la época del crecimiento europeo, los griegos mantenían una estrecha relación con los alemanes. Pero ahora están indignados porque los alemanes les tratan con arrogancia, y los alemanes, por su parte, están molestos porque últimamente sus amigos los griegos les saludan con frialdad y se mantienen a cierta distancia. Como yo llevo muchos años siendo una especie de intermediario entre alemanes y griegos, me llegan las lamentaciones de ambas partes. Tanto los alemanes como los griegos tienen razón, pero cuesta explicárselo, porque ninguno de los dos es capaz de comprender la base cultural del otro. Eso da rienda suelta a prejuicios y resentimientos. Quien piense que la crisis de Europa es sólo financiera está equivocado. También estamos viviendo una crisis de los valores europeos. Por lo menos, la crisis financiera ha contribuido a que nos hayamos podido dar cuenta de esa otra crisis.

Aunque en los contactos oficiales se omite o se oculta tras las formas correctas de tratamiento, en los negocios privados suele aparecer en un primer plano. En lugar de acercarse aún más a causa de la crisis, las distintas culturas están alejándose cada vez más. Bruselas es el lugar en el que se puede observar de cerca esta mezcla y su fracaso. ¿De qué habla la gente en Bruselas? De la crisis, obviamente. En la Comisión y en el Parlamento Europeo, en las cafeterías y en los restaurantes, en todas partes, la crisis tiene la última palabra, pero el sentimiento siempre cambia. La imagen que dan los periódicos de que cada dos días hay una opinión distinta o una declaración distinta, ya sea de Olli Rehn, de Mario Draghi o de cualquier otro alto cargo de la Unión Europea, es perfectamente válida para Bruselas, aunque la sensación general, por lo menos de cara a la galería, es de que «vamos a lograrlo». Esta convicción cobró más fuerza después de la decisión de unificar la política financiera de la Unión Europea. Pensaban que por fin se había encontrado la solución correcta. Pero eso suele ser una percepción engañosa que crea una confianza fingida, porque siempre hay algún contratiempo que hace que el buen humor flaquee.

El último contratiempo ha sido la rebaja de la nota de solvencia de Francia y de toda una serie de estados de la Unión Europea. Cada vez que llega una mala noticia, los políticos y la Comisión se ponen a elaborar planes nuevos o a revisar los antiguos. La mejor respuesta a la pregunta de si los planes por sí solos van a servir de algo está en la primera estrofa de una canción de *La ópera de cuatro cuartos,* de Brecht: «Venga, haz un plan, / sé una lumbrera, / y luego haz otro plan; / verás como ninguno prospera». Bruselas no es tan importante como Berlín, París o Londres. No porque no sea una gran ciudad europea, sino sobre todo porque los políticos alemanes, franceses e ingleses les dan más importancia a sus metrópolis que a Bruselas. Pero Bruselas es un espejo de nosotros mismos, y deberíamos observarlo con más atención, pero sin maquillaje, por favor.

26 de enero de 2012

¿Sólo una crisis financiera?

¿Es la crisis que padece Grecia tan sólo una crisis económica? ¿O es, quizás, una crisis que presenta aspectos tan o, incluso, más importantes que la misma crisis económica?

Desde principios de 2010, cuando estalló la crisis, sostengo el argumento de que la crisis griega tiene principalmente un carácter político. El país ha llegado a una quiebra económica, que en estos momentos lo mantiene al borde del abismo, por los errores y los fracasos de sus dirigentes políticos. Un aparato estatal corrupto, que se revela incapaz de poner en práctica, con o sin rapidez, reformas y leyes críticas, y que es, al mismo tiempo, el resultado de los errores de la elite política griega.

Poco a poco, nuestros socios en la eurozona han llegado a comprender que el problema del país no sólo es financiero, sino que también tiene que ver con la cultura política. Lo que, sin embargo, no logran comprender es que el fracaso de la clase política y del aparato estatal no es una consecuencia de la mala gestión de los últimos años, sino que tiene raíces antiguas y profundas.

Los orígenes de esta enfermedad podrían localizarse en la creación del Estado griego moderno en el año 1829, con el asesinato del primer gobernador de Grecia, el conde Kapodistrias. Sin embargo, no deseo abusar de su paciencia y creo que será suficiente con que me remonte a los años de posguerra.

Al final de la segunda guerra mundial, y como todos los países de Europa, Grecia tuvo la gran oportunidad de recomenzar y construir un Estado moderno, pero la desperdició con una guerra civil, que asoló al país de 1946 a 1949. Después de este enfrentamiento, Grecia no era sólo un país desangrado, sino, sobre todo, una nación dividida, con ciudadanos profundamente enemistados. Por un lado, estaba el Ejército griego y los nacionalistas, los vencedores en el conflicto; por el otro, los vencidos, el Ejército democrático y los comunistas.

Tras la guerra civil, las dos partes enemistadas se alimentaban del mismo mito, a saber, las denominadas «potencias extranjeras», entre las que se encontraban en primer lugar Estados Unidos, seguidos de Inglaterra.

Los nacionalistas estaban entusiasmados con nuestros amigos americanos y la OTAN, mientras que los comunistas le echaban la culpa a América de toda la miseria del país. Sólo Estados Unidos y sus aliados en el país, es decir los gobiernos nacionalistas, tenían la culpa de que Grecia no se hubiese desarrollado al ritmo de sus vecinos. Tras la dictadura militar, algunas fracciones de los partidos civiles aceptaron también estas ideas, sobre todo el Pasok, que cultivaba un antiamericanismo sin fisuras.

Tenemos el ejemplo de dos países que cuestiona esta teoría: la República Federal de Alemania y Japón. Cuando acabó la segunda guerra mundial, Alemania era un país ocupado por los aliados, mientras que Japón estaba bajo el control de los americanos. Es cierto que Estados Unidos impuso a sus aliados una política exterior y de defensa común durante la guerra fría, sin embargo esto no impidió que ambos países construyesen un Estado moderno, pues los americanos no sólo definieron las líneas políticas, sino que apoyaron con enorme generosidad la construcción de este Estado.

Grecia estaba en el bando de los aliados y, por lo tanto, del lado de los que habían ganado la guerra. Esta circunstancia proporcionó al país una gran cantidad de dinero por parte de Estados Unidos. La culpa de la miseria griega no la tienen ni los americanos ni los ingleses, sino la guerra civil. Ambos bandos, tanto la izquierda, bajo la dirección del Partido Comunista, como los nacionalistas han cometido terribles errores, con terribles consecuencias.

El Partido Comunista se convirtió en el único responsable de una guerra civil que devastó por completo a un país ya desangrado por la ocupación alemana. Finalizado el conflicto, la culpa pasa a los vencedores, es decir, a los gobiernos nacionales, que no lucharon por reconciliar a las partes enfrentadas, sino que abrieron todavía más la brecha existente entre ellas. Mientras los comunistas sufrían una cruel persecución, los sectores de la sociedad que apoyaban al régimen y aquellos que habían luchado en el bando de los nacionalistas eran gratificados con privilegios de todo tipo.

El destino de los privilegiados era el Estado o las

empresas públicas. A los retoños de las familias adeptas se les aseguraba una plaza en la Administración del Estado, que, sin embargo, era inaccesible para todos los contrarios al régimen. Éstos ni siquiera tenían la posibilidad de trabajar en la recogida de basuras. Así, el aparato estatal y las empresas públicas se convirtieron en una especie de invernadero para los partidos nacionales.

La columna vertebral de este sistema la integraban, especialmente en provincias, los caciques del partido, que tenían el mismo poder y la misma potestad que los secretarios del partido en una provincia del sistema soviético. El cacique podía repartir privilegios a capricho, también puestos en la Administración. También podía destrozar la vida de aquellos que él clasificaba como enemigos del régimen y en esta categoría no sólo entraban los comunistas, sino también el amplio número de ciudadanos que habían adoptado una postura neutral durante la guerra civil.

Así, en Grecia, se instauró un sistema que tenía grandes similitudes con la Unión Soviética. El Estado construido tras la guerra civil era un oxímoron. El Partido Comunista, que soñaba con un Estado soviético, había perdido la guerra, mientras que las fuerzas nacionalistas, que habían luchado por la democracia, por la integración de Grecia en la alianza occidental y por la economía de libre mercado establecían un sistema, cimentado en el Estado, que se asemejaba mucho al modelo deseado por el Partido Comunista.

Son muchas las personas, dentro y fuera de Grecia, que afirman con razón que Grecia es el último bastión del socialismo real en Europa. De ser esto cierto, los orígenes de este sistema se encontrarían en los años que siguieron a la guerra civil.

Los primeros veinticinco años de la posguerra definieron el destino de Grecia: de 1950 a 1974, es decir, hasta el final de la dictadura militar.

Más adelante me referiré a la evolución del país durante los primeros seis años que siguieron a la dictadura, pero ahora me interesa aclarar lo ocurrido tras 1981, es decir, la primera etapa tras la llegada al gobierno del Pasok.

Andreas Papandreu, el fundador del Pasok, que gobernó el país desde 1981 hasta 1989 y de nuevo desde 1993 hasta 1996, no se granjeó grandes simpatías en la Comunidad Económica Europea ni en la Unión Europea. Precisamente por este motivo es importante aclarar ciertos equívocos en relación con su persona.

Sus opositores en los partidos de centro-derecha culpaban al Pasok y al mismo Andreas Papandreu de haber atestado el aparato estatal de «vigilantes verdes». Con esta expresión se hace referencia a los miembros del Pasok, «verdes» por el color del emblema de su partido.

Aunque este reproche no sea del todo injusto, es sólo una verdad a medias. El Pasok no se fundó hasta que hubo finalizado la dictadura militar. Era y sigue siendo el único partido de centro-izquierda que ha conseguido una posición de poder en la historia de Grecia. Era, por lo tanto, evidente que no quería ni podía gobernar con el aparato estatal que acabo de describir. Andreas Papandreu no tenía más remedio que colocar a su propia gente en posiciones clave, porque tenía miedo de que, si no lo hacía así, este aparato estatal de sello nacionalista socavaría su política.

A esto es necesario añadir que Papandreu había sido ministro de Economía en el Gobierno de centro de 1963 y había presenciado todas las intrigas de la familia real y del aparato estatal que finalmente llevaron a este Gobierno a la ruina.

Además sus rivales seguían culpando a Papandreu de no haber fundado un partido socialista o socialdemócrata de sello europeo en Grecia, sino un partido al estilo del partido panarabista Baath y su mezcla de socialismo y nacionalismo laico.

Son comentarios acertados, aunque sólo en lo que respecta a los años que van desde 1975 hasta 1981, cuando el Pasok estaba en la oposición. De hecho, el Pasok tenía contactos cercanos con los partidos Baath en Siria y en Irak, así como con la Autoridad Nacional Palestina de Yasir Arafat. Sin embargo, cuando el Pasok llegó al poder, no cumplió ninguna de sus dos grandes promesas electorales: Grecia no abandonó la Comunidad Económica Europea ni el país dejó la OTAN, tal y como Papandreu había proclamado de forma constante durante sus años en la oposición.

No era el Pasok, sino el estilo de Andreas Papandreu como dirigente, el que se asemejaba al Partido Baath. Gobernaba el país como si se tratara de un regente. Por una parte, quería que los ciudadanos estuviesen satisfechos y que lo aceptasen sin condiciones. Por otra, pretendía ejercer un poder sin límites. En realidad, casi prefiero denominarlo «monarca», aunque tal vez les suene un tanto duro o fuera de lugar.

Ya intentaré explicar en lo que sigue por qué este término no es ninguna acusación personal, sino que describe una función inherente al sistema.

Durante su mandato, Andreas Papandreu tomó dos decisiones que resultan muy reveladoras a la hora de definir su estilo como gobernante. Apenas el Pasok había asumido el Gobierno del país, Papandreu decidió aumentar todas las pensiones un 50 por ciento. Los ciudadanos recibieron la propuesta con grandes aplausos. Lo que no sabían o quizá no querían comprender es que esta subida de las pensiones se financiaba a través de créditos. Ése fue el principio de nuestro actual desastre. Desde entonces las subidas de pensiones o sueldos públicos se han venido financiando con créditos. Hasta hoy no se ha logrado establecer un equilibrio entre los ingresos del Estado y las pensiones y los sueldos públicos.

La segunda decisión de Papandreu fue la reforma de la Constitución en 1986. La Constitución, que había sido aprobada por referéndum en 1975, aseguraba al presidente de la República cierta capacidad de intervención, que, como medida de control, imponía ciertos límites al poder del Parlamento y del primer ministro. El objetivo de la reforma constitucional de 1986 era única y exclusivamente suprimir la capacidad de intervención del presidente.

Si a esto añadimos que el sistema electoral griego, tanto entonces como ahora, favorece las mayorías absolutas y dificulta hasta el extremo la formación de coaliciones, no resulta difícil imaginar que Andreas Papandreu pudo imponer su voluntad sin que nadie le plantara cara.

Esto tan sólo era el mal menor. Lo peor fue que la entrada de Grecia en la Comunidad Económica Europea se produjo cuando el país estaba gobernado por el Pasok, con Andreas Papandreu como primer ministro.

Papandreu no confiaba en la burguesía griega. No se equivocaba del todo, pues una gran parte de esta burguesía se había enriquecido gracias a la colaboración con el Gobierno nacionalsocialista y con el mercado negro durante la ocupación alemana. La burguesía también había gozado de grandes privilegios durante la guerra civil y en los años inmediatamente posteriores a la contienda.

En lugar de mostrar a la burguesía tradicional la vía correcta y marcarle los límites, al Gobierno del Pasok le pareció más fácil y más beneficioso para su partido crear una clase de nuevos ricos entre los que repartió generosamente las subvenciones de la Comunidad Económica Europea. Estos nuevos ricos no sólo podían competir con la burguesía tradicional, sino también, y sobre todo, dependían por entero del Gobierno.

Antes del ingreso del país en la Comunidad Económica Europea, nunca había entrado tanto dinero en el país. Nunca el Estado griego, desde su fundación, se había siquiera atrevido a soñar con tales ingresos.

Grecia necesitaba este dinero para que la pequeña economía de un país pobre, basada en su mayor parte en pequeñas y medianas empresas, lograse sobrevivir en una comunidad económica de gran tamaño. Para conseguir este objetivo no sólo hacía falta dinero, sino también reformas y cambios estructurales que, si son necesarios ahora, ya lo eran por aquel entonces.

Los gobiernos de Andreas Papandreu desaprovecharon la oportunidad de llevar a cabo las obligadas reformas y el cambio estructural que el país necesitaba con tanta urgencia y eligieron el camino más sencillo y más partidista: repartieron el dinero entre «su gente». Si después de la guerra los gobiernos habían repartido dinero y privilegios entre sus aliados, el Pasok siguió esta estela y distribuyó las subvenciones entre los suyos.

El talento de Andreas Papandreu debería ser objeto de estudio. Tomó el sistema del «socialismo de derechas» que había heredado, le cambió el envoltorio y se lo vendió a su electorado como «estado social» e, incluso, como «socialismo». Para eso tenía a su disposición cuantiosos medios económicos.

Los gobiernos del Pasok hicieron que los sueldos de los funcionarios públicos se disparasen y los financiaron, en parte, con las subvenciones de la Unión Europea y, en parte, con créditos. Repartieron las subvenciones agrícolas entre los agricultores según su fidelidad al partido, con lo que éste se aseguraba un electorado que lo ratificó en el poder durante dieciocho años, si contamos los años de los gobiernos de Simitis.

La política y la mentalidad de la clase política no han cambiado, sólo han cambiado los que reciben los privilegios.

Tras la entrada en vigor del euro, aparecieron los eurocréditos, tan asequibles que el país se entregó a un hedonismo consumista. Ahora, cuando en los artículos en la prensa y los informativos en la televisión, y también en los discursos políticos —sobre todo los del líder de Nueva Democracia Antonis Samarás—, se habla constantemente de crecimiento, yo no puedo dejar de preguntarme: ¿qué quieren decir exactamente con «crecimiento»? Porque el crecimiento basado en el consumo nos ha llevado a la ruina. Pero si se refieren al crecimiento que resultaría de un incremento de la productividad y de la competitividad de los griegos, entonces necesitamos tiempo, reformas, esfuerzo y sacrificios. Pero, sobre todo, necesitamos un cambio de mentalidad de la clase política y de los empresarios griegos y de la burguesía tradicional, así como de los nuevos ricos surgidos en la época en la que gobernaba el Pasok.

Yo, sin embargo, sigo teniendo dos preguntas:

La primera concierne a la Unión Europea. Hace ya tiempo que las instituciones europeas y la Comisión están al tanto de lo que acabo de exponer: lo toleraban y miraban para otro lado. Como muy tarde en junio de 2009, sabían que la situación en Grecia se había descontrolado. Un periódico griego publicó un informe del entonces comisario de Asuntos Económicos y Monetarios, Joaquín Almunia, con fecha de junio de 2009, que definía la situación griega como extremadamente crítica. Si la Comisión y el Consejo Europeo hubieran intervenido antes, la situación actual no sería tan complicada ni para Grecia ni para la Unión Europea.

La segunda pregunta se refiere a Grecia y sus valores, y quiero explicar este aspecto con toda precisión.

Los griegos de los años sesenta eran un pueblo modesto y ahorrador, que trabajaba de sol a sol, pero en esa época florecía en Grecia la literatura, el arte, la cultura y, sobre todo, la poesía. Los dos autores griegos premiados con el Nobel, los poetas Giorgos Seferis y Odysseas Elytis, así como otros líricos como Yannis Ritsos o Andreas Embirikos, el director de teatro Karolos Koun, el director de orquesta Dimitris Mitropoulos o el compositor Manos Hadjidakis y Mikis Theodorakis, todos ellos son hijos de este tiempo de pobreza. Grecia era un país pobre con un elevado nivel cultural.

No quisiera que nadie me malinterpretase. No pretendo mostrar una imagen romántica del pasado. Creo que la entrada de Grecia en la Unión Europea representó un gran avance. Sin embargo, confieso que tengo mucho miedo, porque en la época de la falsa riqueza tiramos por la borda no sólo nuestra pobreza, sino también nuestros valores, porque pensábamos (¡qué error!) que estos valores eran parte de nuestra miseria. Ahora que la pobreza vuelve a amenazarnos, carecemos de los valores necesarios para lidiar con ella, porque los sacrificamos en nombre de la riqueza. Y por eso, tengo miedo.

Por otra parte, la Unión Europea no promueve tampoco un debate exhaustivo sobre la cultura y los valores comunes a todos los europeos. Hemos identificado Europa con el euro y olvidado la diversidad de este continente y los valores que nos unen. El único debate serio sobre la identidad europea, nuestra cultura y los valores comunes del que he tenido noticia fue el Sound of Europe en Salzburgo en el año 2006, durante la presidencia austriaca. En aquel momento tuve la esperanza de que se sucedieran otros foros de discusión. Pero, por desgracia, me equivoqué. No sólo los políticos, también los literatos y los intelectuales pueden ser víctimas de un falso optimismo.

Cuando miro atrás, a veces me pregunto: al principio, es decir, después de la dictadura, lo hicimos todo bien, ¿en qué nos equivocamos después?

Los seis primeros años posteriores al fin de la dictadura militar, es decir los años que van de 1974 a 1980, fueron testigo de un gran cambio institucional en Grecia. El país aprobó una Constitución democrática por primera vez en su historia, se abolió la monarquía por referéndum y se llevó a juicio a los cabecillas de la dictadura. Este cambio institucional se desarrolló de forma pacífica, sin enfrentamientos ni experiencias traumáticas.

El político más destacado de esta etapa fue Konstantinos Karamanlís, que, a través de reformas en sus instituciones, logró erigir un país nuevo en un plazo de seis años. Sin embargo, dejó intacto el aparato estatal griego, herencia del final de la guerra civil, que durante la dictadura militar se había convertido en un monstruo. Puede que no estuviera entre sus objetivos o, y eso es lo que yo creo, no tuvo tiempo para hacerlo. Los gobiernos sucesores tendrían que haber asumido esta tarea, pero han desaprovechado deliberadamente esta oportunidad.

Aquéllos fueron los años dorados tras la dictadura militar, a los que siguieron años muy oscuros. Ahora explicaré a lo que me refiero con algunos ejemplos.

Con el referéndum del 1 de septiembre de 1946 la monarquía regresó a Grecia, para ser abolida de nuevo el 8 de diciembre de 1974. En la posguerra, el sistema democrático estuvo vigente durante veintiocho años.

El primer Georgios Papandreu regresó a Grecia cuatro días después de la liberación del país de las fuerzas de ocupación alemana, el 18 de octubre de 1944. Hasta hace pocos meses su nieto, Georgios Papandreu, era todavía primer ministro. La dinastía política de los Papandreu ha durado sesenta y siete años.

Desde el referéndum del 8 de diciembre de 1974 Grecia es una República, que, sin embargo, hasta hace unos pocos meses, ha estado gobernada por tres dinastías políticas. Antes me refería a Andreas Papandreu como un monarca: su forma de gobernar debe ser comprendida en este contexto.

En los treinta y seis años de República, Grecia ha sido gobernada once años por un primer ministro que se llamaba Karamanlís (de 1974 a 1980 por Konstantinos Karamanlís; de 2004 a 2009 por Kostas Karamanlís, su sobrino) y trece años por un miembro de la familia Papandreu (de 1981 a 1989 y, más adelante, de 1993 a 1996 por Andreas Papandreu; de 2009 a 2011 por su hijo Georgios Papandreu). El patriarca de la tercera familia, Konstantinos Mitsotakis, sólo fue primer ministro durante tres años, aunque su familia hace años que está muy presente en la vida política del país. De modo que el poder ha estado en manos de tres familias durante veintiocho años de los treinta y seis que llevamos de República. Kostas Simitis ha sido el único presidente que no siendo miembro de una de las dinastías, gobernó el país durante ocho años.

Sin excepción, todos los políticos del Pasok y de Nueva Democracia que intentaron arrebatar el poder a un miembro de la familia perdieron las elecciones. Los caciques del partido siempre han votado por el miembro de la familia, pues estaban convencidos de que el resto del electorado actuaría también de esta manera, lo que después se confirmaba durante las elecciones.

Si a este panorama añadimos la reforma constitucional y un sistema electoral que favorece la mayoría absoluta, comprenderemos por qué el primer ministro en cuestión podía ejercer un poder ilimitado.

Tenemos, por lo tanto, una República en la que el primer ministro ejerce un poder monárquico, más tres dinastías que han decidido el nombre del primer ministro como si se tratara de un heredero, durante veintiocho de los treinta y seis años de República. Es un milagro que este sistema haya sobrevivido tanto tiempo.

Se trata de un sistema en el que el primer ministro y el partido del Gobierno no temen a la oposición. Tienen a su disposición una mayoría absoluta y un poder absoluto. Pueden designar a sus compañeros de partido para que ocupen puestos en la Administración y en las empresas públicas y copar todos los cargos directivos con su propia gente.

Si esto ya es de por sí grave, falta lo peor. Como en estos últimos treinta y seis años, el Pasok y Nueva Democracia se han ido turnando para gobernar el país, el partido que está en el Gobierno asume que el partido de la oposición actuará de la misma forma en cuanto alcance el poder.

Lo interesante, y también lo espantoso, de este sistema es que el partido recién llegado al poder no despide a los caciques de sus puestos en la Administración. Éstos se quedan y, además, van llegando otros nuevos.

El primer ministro tiene mucho miedo de la oposición que puedan hacerle los parlamentarios de su propio partido. Un ejemplo: cuando el primer ministro Kostas Simitis quiso introducir en el año 2002 una nueva ley para la sanidad pública se vio obligado a dar marcha atrás: no por las manifestaciones y huelgas de los sindicatos, ni por los gritos de la oposición, sino porque sus propios parlamentarios amenazaban con hacer caer el Gobierno.

No existen demasiadas diferencias entre los dos grandes partidos en cuanto a su programa o políticas. El Pasok renunció a su pasado «baath» y socialista y se ha convertido en un grupo de izquierda liberal. Por su parte, Nueva Democracia es, desde su fundación, un partido de centro derecha a pesar de que, en los últimos años, ha acentuado más su cariz populista.

Mis amigos en el extranjero no pueden creer que en la política griega no exista la palabra consenso. Hay dos explicaciones: en primer lugar, el sistema político griego carece de experiencia o práctica en la constitución de coaliciones; en segundo lugar, desde el final de la guerra civil nuestro ordenamiento ha estado basado en la confrontación.

En las últimas dos décadas, el partido de la oposición no ha ganado nunca unas elecciones, sino que las ha perdido siempre el partido que estaba en el Gobierno. Tal vez esto suene extraño a primera vista, pero puedo asegurar que es verdad. Por un lado, porque los programas de los dos grandes partidos son casi idénticos. Por otro, porque el partido en la oposición nunca ha hecho el esfuerzo de presentar un programa alternativo y convincente. La política del partido de la oposición consiste en difamar y desacreditar al partido del Gobierno desde el primer día que sigue a las elecciones.

He intentado explicar que la crisis griega no es exclusivamente una crisis económica, sino una crisis del sistema político con consecuencias económicas devastadoras. No hemos llegado a la ruina por los fondos de capital de riesgo ni por la burbuja inmobiliaria, sino porque nadie ha sabido gestionar el sistema político y éste se ha venido abajo.

Grecia vive hoy la fase final de un sistema fracasado. La mala noticia es que le hemos pedido a la misma clase política que ha regalado la crisis al país que se ocupe de sanearlo y sacarlo de esta situación. Sin embargo, estos políticos han perdido por completo su credibilidad. Los ciudadanos están desilusionados, deprimidos y se sienten completamente inseguros, no sólo por las rigurosas medidas de ahorro, sino porque ya no tienen confianza en la clase política.

Pero la buena noticia es una verdad muchas veces probada: bajo presión se trabaja mejor. También los políticos griegos. Por primera vez desde la guerra civil los dos grandes partidos han constituido una coalición en torno a Lucas Papademos. Han aprobado el segundo memorando y el paquete de medidas de ahorro con una amplia mayoría. Aunque también con muchas víctimas: veintiún diputados han abandonado Nueva Democracia y veintitrés, el Pasok. Con este panorama, ningún partido tiene en este momento una mayoría absoluta.

Se aprobarán leyes para ratificar estas decisiones que tendrán como consecuencia el final del clientelismo político de los dos grandes partidos. Ambos debaten desde hace días sobre la coalición de Gobierno que formarán tras las elecciones.

Sin embargo, hay dos cuestiones que todavía deben ser tratadas.

La primera es si después de las elecciones habrá en el Parlamento una mayoría suficiente para formar un Gobierno de coalición. En las últimas elecciones de 2009 cinco partidos lograron entrar en el Parlamento. Hoy ya son siete grupos políticos, pues a los cinco iniciales se unieron uno escindido de Nueva Democracia y otro de la izquierda radical. Entretanto, los diputados de Nueva Democracia y del Pasok que abandonaron sus filas sopesan también la formación de nuevos partidos. Y también los Verdes tienen muchas papeletas para poder entrar en el Parlamento. Y no podemos olvidar que existe asimismo un partido de extrema derecha.

A causa del sistema electoral, si en el Parlamento entran más de seis partidos, será extremadamente complicado conseguir una mayoría para formar una coalición de Gobierno.

Hay todavía una segunda cuestión muy importante: ¿estamos a tiempo? Porque el tiempo se nos termina.

A modo de respuesta a ambas cuestiones, me gustaría citar un poema de Bertolt Brecht:

> Todo se transforma. Puedes empezar de nuevo
> con el último aliento.
> Pero lo que ya ha pasado, pasado está.
> Y el agua que sirves en la copa, ya no se puede retirar.
>
> Lo que ha pasado, pasado está.
> El agua que sirves en la copa, ya no se puede retirar, pero
> todo se transforma. Puedes empezar de nuevo
> con el último aliento.

En épocas de desánimo, siempre recuerdo este poema y no pierdo la esperanza.

29 de febrero de 2012

Un país demencial

Es joven, tendrá unos treinta años y ha estudiado Económicas.

—Yo los voté —me dice.

—¿A Amanecer Dorado?

—Sí.

—¿Por qué?

—Quería vengarme —me contesta tajantemente—. Quería vengarme porque estoy en el paro y dependo de mis padres, y a ellos, encima, les han recortado sus sueldos. Quería vengarme porque después de terminar mis estudios, me ganaba mi paga con trabajos ocasionales.

—¿Y crees que Amanecer Dorado te conseguirá trabajo? —le pregunto.

—No, pero los otros tampoco.

Desde la reinstauración de la democracia, Grecia no había sufrido un golpe semejante al que recibió el pasado 6 de mayo, durante la noche electoral. Desde 1974, es decir, desde el final de la dictadura de los coroneles, los partidos de extrema derecha no habían pisado el Parlamento del país. Amanecer Dorado era considerado una panda de matones que se manifestaban enarbolando esvásticas y alzando el brazo y que, de vez en cuando, daban una paliza a algún estudiante o a algún inmigrante.

Y ahora este grupo, con sus veintiún diputados, constituye el siete por ciento del Parlamento. Y, junto a ellos, se sienta otro partido de extrema derecha, los Griegos Independientes, que cuentan con el 10,5 por ciento y treinta y tres parlamentarios.

Todos los días escucho o leo que el país se encuentra al borde del abismo. Puede que sea así. Lo que sin duda es cierto es que Grecia ha traspasado ya la línea de la desesperación y se ha convertido en un país demencial.

La crisis casi ha hecho desaparecer a los dos partidos mayoritarios, Nueva Democracia y Pasok, que habían gobernado el país de forma alterna desde 1974. Desde el inicio de la crisis, Nueva Democracia, entonces en la oposición, se había mostrado con rotundidad en contra de todas las medidas de austeridad. Después, su presidente, Antonis Samarás, dio un giro y aceptó sin reservas el segundo memorándum con la Unión Europea y su correspondiente paquete de medidas. Su única condición era la disolución inmediata del Parlamento y la celebración de nuevas elecciones. Samarás quería convertirse en primer ministro a cualquier precio.

Sin embargo, el partido pagó muy caro este giro, ya que, poco después, nueve diputados abandonaron Nueva Democracia para fundar el Partido de los Griegos Independientes. Ahora eran ellos los que se manifestaban en contra de las medidas de ahorro, como hasta entonces lo había hecho su anterior partido. En las elecciones de mayo, Nueva Democracia vio disminuir su porcentaje de voto hasta un 18,5 por ciento, el peor resultado electoral en la historia del partido.

Son otros los motivos que explican la debacle del Pasok. El anterior partido del Gobierno fue el único que aceptó firmar el primer memorando y su consiguiente paquete de medidas. También fue el único partido que, aunque sólo fuera en parte, llevaría a la práctica las medidas solicitadas, al tiempo que su último primer ministro, Georgios Papandreu, cometía el grave error de retrasar *sine die* las reformas, tan necesarias, en el aparato estatal y los servicios públicos. En su lugar, Papandreu sólo llevó a cabo recortes en sueldos y pensiones e impuso una serie de nuevos impuestos a los ciudadanos.

Tal comportamiento no fue el fruto de una casualidad, sino una decisión política. Papandreu quería proteger a toda costa a los mandos del partido, que ocupaban la Administración y las empresas estatales, o por lo menos retrasar las reformas relativas a estos ámbitos. Al fin y al cabo, había llegado a ser presidente del partido gracias a sus votos.

Sin embargo, esta decisión ha tenido consecuencias devastadoras para el partido, pues ha afectado a la base de su electorado. Los votantes del Pasok han sido tradicionalmente la pequeña burguesía y la clase media, que, a causa de los nuevos impuestos y de la recesión, han visto derrumbarse los cimientos de su existencia y, por este motivo, han abandonado en masa al Pasok.

Y lo mismo ha sucedido con los pensionistas, que habían vivido una época de esplendor durante los tiempos en los que el Pasok estaba en el Gobierno, pues, en repetidas ocasiones, se había incrementado el valor de sus pensiones. Sin embargo, debido a las medidas de ahorro, el partido se vio obligado a efectuar duros recortes en sus ingresos. Indignados ante la actitud del Pasok, los pensionistas le han dado la espalda.

Los partidos «antimemorando», como se denominan en Grecia, se han beneficiado ampliamente de la desintegración de los dos partidos mayoritarios. Esto es válido, sobre todo, para Syriza, el partido de la izquierda radical. Aunque todos los sondeos pronosticaban que esta formación aumentaría su porcentaje de voto, nadie contaba con un incremento desde el tres hasta el 16 por ciento.

Las últimas elecciones han representado para Grecia el final de una era que ha durado casi cuarenta años. Una época de mayorías absolutas que permitían que los dos partidos principales formasen gobierno por turno. Pero con el actual escenario electoral solamente es posible la creación de gobiernos de coalición, ya que un retorno al pasado resulta muy poco probable.

En principio, esto no tiene por qué tener consecuencias negativas. Al fin y al cabo, los dos grandes partidos han llevado el país al abismo. El único aspecto negativo es que los partidos griegos no tienen experiencia alguna en la formación de gobiernos de coalición y la voluntad de celebrar acuerdos es para ellos *terra incognita*. Para los partidos más pequeños, esta actitud es casi comprensible, puesto que Nueva Democracia y el Pasok llevan cuarenta años repartiéndose los puestos de poder y marginando por entero al resto.

La dificultad de formar un gobierno de coalición fue evidente el mismo día de las elecciones. La izquierda radical de Syriza impone condiciones inaceptables para Nueva Democracia y el Pasok, y que además son incoherentes en su propia forma. Es imposible perseguir al mismo tiempo dos objetivos contradictorios: permanecer en la eurozona y anular los memorandos.

El partido más pequeño, Izquierda Democrática, se niega a adherirse a una coalición en la que no participe Syriza. Mientras que los Griegos Independientes y el Partido Comunista rechazan por principio una coalición con los partidos pro europeos.

Así pues, no queda más alternativa que la celebración de unas nuevas elecciones. El martes se anunció que tendrían lugar el 17 de junio. Después de que hayan fracasado todos los intentos de formar Gobierno, los políticos y la prensa afirman que las nuevas elecciones no cambiarán nada. Sin embargo, tampoco está tan claro.

En las elecciones de mayo la abstención se elevó al 35 por ciento. Nunca había sido tan alta. A esto hay que añadir que el 18 por ciento de los electores votaron por partidos políticos que no han entrado en el Parlamento. Como acto de protesta, muchos no acudieron a las urnas y otros muchos optaron por dar su voto a partidos menores. ¿Qué sucederá con el conjunto de los votantes decepcionados con el Pasok? Nadie puede predecir a quién votarán en las próximas elecciones del 17 de junio.

El gran porcentaje de voto —un siete por ciento— conseguido por Amanecer Dorado provoca ya dolores de cabeza no sólo al resto de los partidos, sino a la población en general. Amanecer Dorado no es un partido de extrema derecha, son nacionalsocialistas que glorifican a los nazis y niegan el Holocausto.

Algunas personas son optimistas y creen que se trata tan sólo de una tormenta pasajera, que pronto desaparecerá. Pero no debemos hacernos ilusiones. Puede ser que pierdan votos, pero el partido Amanecer Dorado ha venido para quedarse.

Entre sus votantes no se encuentran sólo jóvenes en paro, que convierten su voto en un acto de protesta. Grecia tiene un problema de inmigración que se ha descontrolado en los últimos tiempos. La razón es la precaria situación geográfica del país, especialmente la larga frontera con Turquía, que resulta casi imposible de controlar.

Pero también tienen la culpa los políticos de todos los gobiernos que durante años han minimizado el problema y han optado por mirar hacia otro lado.

Como consecuencia, amplios grupos de la sociedad han abrazado actitudes claramente racistas. Amanecer Dorado se aprovecha de ello y hace campaña en contra de los inmigrantes por todo el país. Al mismo tiempo, presta un servicio a los ancianos y pensionistas que viven en barrios con tasas elevadas de inmigración, pues los protegen y les proporcionan ayuda económica. Un partido nacionalsocialista, a la caza del musulmán, asume al mismo tiempo la estrategia de los islamistas de Hamás y la gente los apoya. Realmente, vivimos un momento demencial.

No sé con certeza si los memorados, las medidas de ahorro y el recorte de la deuda sanearán finalmente a Grecia. Lo que sí está claro es que ya han conseguido destrozar su escenario electoral.

19-20 de mayo de 2012

Cuarenta días que estremecieron al mundo

¿Quién recuerda hoy en día la obra de John Reed titulada *Diez días que estremecieron al mundo?* Para los jóvenes de mi generación que se alistaban en las filas de la izquierda, aquel texto formaba parte de su aprendizaje básico; era como la gramática de tercero de primaria. En su libro, Reed describe los primeros diez días de la Revolución rusa. Los días griegos que estremecieron al mundo duraron cuatro veces más: desde el 7 de mayo hasta el 17 de junio, entre las primeras y las segundas elecciones legislativas consecutivas. En estos cuarenta días el mundo entero, empezando por la Unión Europea y los países de la eurozona, tuvieron las miradas puestas en Grecia.

Aunque John Reed escribiera sobre la Revolución rusa con entusiasmo, el resto del mundo seguía los acontecimientos con angustia, aprensión y temor, pero también con cierta ironía por todo lo que sucedía en Rusia en el año 1917. Con sentimientos parecidos se siguieron los acontecimientos griegos a lo largo de estos cuarenta días. Angustia por el resultado de las elecciones. Temor ante la eventualidad de que Grecia abandonara la eurozona, posiblemente provocando una reacción en cadena con su salida. Pero también con bromas de mal gusto sobre Grecia y los griegos, sobre todo por parte de un sector de la prensa alemana e inglesa. Lo único que no tenían los rusos eran las declaraciones diarias del ministro alemán de Finanzas, el señor Schäuble.

Todo esto no preocupaba demasiado a los griegos, más allá del habitual brote de indignación ante las declaraciones de los políticos extranjeros. Tenían otras preocupaciones, que se podrían resumir en estas cuatro preguntas:

¿Votarían los griegos impulsados por la ira, como el 6 de mayo, o en estas segundas elecciones prevalecería el miedo a la ingobernabilidad del país?

En caso de que Syriza obtuviera la mayoría, ¿denunciaría realmente los memorandos, conduciéndonos de vuelta al dracma, o esta parte de su programa electoral tenía como único objetivo la captura de votos?

Si los «partidos a favor del memorando», es decir, Nueva Democracia y el Pasok, lograran formar Gobierno, ¿qué márgenes de negociación tendrían con nuestros socios europeos?

Los neonazis agrupados en Amanecer Dorado, ¿conservarían su fuerza o perderían votos?

Las elecciones del 17 de junio han dado respuesta a todas estas preguntas. Que debamos alegrarnos o preocuparnos, ya es otra historia.

La previsión que auguraba que los electores votarían en estas segundas elecciones impulsados por el miedo demostró ser cierta sólo en el caso de Nueva Democracia, que ha logrado aumentar su porcentaje de votos del 18,8 al 29,7 por ciento y se ha mantenido en la primera posición. Tanto el Pasok como Izquierda Democrática han conservado los porcentajes logrados en las elecciones del 6 de mayo.

No obstante, el auténtico vencedor de las elecciones ha sido Syriza, la coalición de la izquierda radical. Ha conseguido aumentar sus votos del 16,5 al 26,9 por ciento y ha consolidado su posición como segundo partido más votado en el Parlamento. El éxito de Syriza se puede explicar de muchas maneras.

Para empezar, la coalición pretendía afianzarse en la posición que ocupaba el Pasok a principios de la década de los ochenta, cuando alcanzó el poder por primera vez. Su campaña electoral siguió las pautas de la campaña electoral del Pasok para las elecciones de 1981. Entonces el fundador del partido, Andreas Papandreu, tomó prestada del Partido Comunista de Grecia la consigna «Unión Europea y OTAN: tal para cual» y amenazaba con sacar a Grecia de la Unión Europea y de la Alianza Atlántica. Pero cuando el Pasok llegó al Gobierno, Grecia permaneció en la Unión Europea y también en la OTAN.

La campaña electoral de Syriza contra los dos acuerdos siguió la misma línea. Dentro de Grecia el partido prometía denunciar los memorandos. Aseguraba a sus electores que cancelaría las reducciones de los sueldos más bajos y que congelaría la devolución de los préstamos bancarios para determinadas categorías de ingresos. Fuera de Grecia, sin embargo, el partido presentaba un perfil más moderado y dialogante.

La opinión de que Syriza ocupa ahora el lugar que dominaba el Pasok en las décadas de los ochenta y los noventa queda corroborada por el paso de muchos socialistas, que en su momento habían desempeñado cargos públicos y sindicales, a las filas de Syriza. Estos cargos creían que así podrían preservar los privilegios adquiridos bajo los gobiernos del Pasok.

La gran diferencia es que, cuando el Pasok alcanzó el Gobierno, los créditos y las subvenciones llegaban al país profusamente y sin control alguno, de modo que el partido disponía de dinero abundante que repartir entre sus cargos y su clientela. Actualmente, con los acuerdos y las medidas de austeridad, el Estado está recortando por todas partes. ¿De dónde obtendría Syriza el dinero para aumentar o conservar los privilegios cuando, por añadidura, se disponía a denunciar los memorandos, única fuente de financiación del país?

Marx dijo que la historia siempre se repite, primero, como tragedia, después, como farsa. Si sus palabras son acertadas, Syriza es una parodia del Pasok, y éste, el punto de partida de nuestra tragedia actual.

Ahora, «los cuarenta días que estremecieron al mundo» han quedado atrás y los «partidos europeístas» han logrado formar una coalición para un Gobierno tripartito. Pero dejemos los márgenes de negociación del nuevo Gobierno para más adelante y centrémonos primero en dos asuntos mucho más críticos.

El primero se planteó como incógnita desde el principio. El partido neonazi, Amanecer Dorado, ha conservado su fuerza. La noche de los comicios muchos electores se preguntaban quiénes votarían dos veces por Amanecer Dorado.

La primera respuesta, relativamente fácil de deducir, es que lo votan los habitantes de los barrios y pueblos con un agudo problema de inmigración. La indiferencia de todos los gobiernos a la hora de afrontar el problema de la inmigración y de construir una política razonable al respecto ha provocado que los habitantes griegos de esas zonas confíen más en Amanecer Dorado que en el Estado.

Amanecer Dorado, al igual que Syriza, se ha aprovechado del voto de protesta. Una parte del electorado era sencillamente incapaz de creer que Nueva Democracia y el Pasok, que habían conducido al país al abismo, pudieran sacarlo ahora de la crisis. Ésta fue de hecho la mayor dificultad para los dos partidos que a lo largo de los últimos cuarenta años se han ido turnando en el Gobierno griego: convencer a los electores de que eran capaces de liberar al país de la crisis. Nueva Democracia ha sobrevivido gracias al miedo de los votantes. El Pasok, que en las elecciones de 2009 obtuvo el 47 por ciento de los votos, se ha derrumbado, convertido ahora en un partido pequeño con el 12,3 por ciento de votos.

No obstante, estos votos no serían suficientes para garantizar a Amanecer Dorado un porcentaje estable, que ronda el siete por ciento en dos elecciones consecutivas. La constatación desagradable es que gran parte de sus votos provienen de electores jóvenes menores de cuarenta años. El resto, la mayor parte de los votantes de esta franja de edad, vota por Syriza.

Vivimos en un país donde el porcentaje de desempleo de los jóvenes ha superado ya el 50 por ciento. Uno de cada dos jóvenes griegos está en paro. La mayoría de estos jóvenes poseen estudios, muchos han hecho másteres y otros tienen doctorados. No son los jóvenes de mi generación ni de la generación de la Politécnica, en plena dictadura militar, que luchábamos por la libertad, la democracia y los derechos humanos. Los jóvenes de hoy ya tienen todo esto. Lo único que no tienen es trabajo y una perspectiva de futuro. Les mueve la desesperación, la ira y la indignación, éstos son los sentimientos que les impulsan a los extremos, quizá no porque esperen una solución de Amanecer Dorado sino porque desean vengarse de un sistema que los ha traicionado. Estos jóvenes crecieron y estudiaron en la era de una riqueza ficticia. Lo tenían todo y lo han perdido todo.

Aquí se plantea el siguiente tema, que es aún más crítico que el anterior. Grecia ha salido de las elecciones partida en dos. La escisión se produjo al día siguiente de las elecciones del 6 de mayo y se agudizó a lo largo de una contienda electoral que condujo a un enfrentamiento frontal entre Nueva Democracia y Syriza y llevó al país a un conflicto rayano en la guerra civil. A ello contribuyó sustancialmente la infeliz y populista ocurrencia de Syriza de comparar su lucha contra los acuerdos con la lucha del Movimiento de Liberación Nacional, la mayor organización de resistencia armada contra la ocupación nazi.

La vieja línea divisoria entre derechas e izquierdas ya no existe. Hoy la línea divisoria pasa entre las fuerzas europeístas y las antieuropeístas arraigadas en la política y en la sociedad. La propia Syriza, el partido de la izquierda radical que apela al histórico Movimiento de Liberación Nacional, declaraba antes de las elecciones del 6 de mayo que no tendría inconveniente en gobernar con el apoyo del Partido de los Griegos Independientes, que también se opone a los memorandos pero pertenece a la extrema derecha. Y este partido declaraba antes de las elecciones del 17 de junio que con mucho gusto daría su voto de confianza a Syriza, para que pudiera formar Gobierno.

Mientras Syriza apelaba al Movimiento de Liberación Nacional, los Griegos Independientes estigmatizaban a sus oponentes como traidores y colaboradores de los alemanes, en clara referencia a los griegos colaboracionistas durante el periodo de la ocupación nazi.

Ésta es una de las líneas divisorias. Existe otra más, la de las edades. Mientras que los menores de cuarenta años de edad votaron por Amanecer Dorado y Syriza, los mayores de cincuenta votaron por los grandes partidos, sobre todo, por Nueva Democracia y el Pasok.

Esta línea divisoria doble, que ha partido en dos el tejido social de Grecia, política y generacionalmente, es muy peligrosa en un país con una larga tradición de discordias y guerras civiles.

A pesar del choque frontal, sin embargo, los electores votaron mayoritariamente por la permanencia de Grecia en la eurozona. La cuestión es: ¿qué puede conseguir el nuevo Gobierno dentro de los estrechos márgenes de los que dispone?

Para empezar, tiene una cómoda mayoría de 179 escaños en un Parlamento de trescientos. Sin embargo, tenemos un Gobierno de coalición de tres partidos y el sistema político de Grecia no tiene experiencia en gobiernos de coalición. Por lo tanto, no podemos saber cuánto durará. El anterior Gobierno de coalición se formó hace sesenta años, en 1952, y duró un año.

Todas las mañanas, cuando abro los periódicos, me topo con el tema de las negociaciones con Europa, qué daremos y qué recibiremos. Cualesquiera que sean las tácticas, los cálculos y las suposiciones, la dura verdad es que no podemos exigir mucho ni podemos recibir tampoco mucho. Y no se trata sólo de Europa. El Gobierno tiene que realizar una labor ingente y urgente dentro del propio país. Tiene que llevar a cabo reformas dolorosas, tiene que reducir el monstruo que se llama sector público griego y, en consecuencia, tiene que enfrentarse a privilegios consagrados a lo largo de muchos años. Esto será probablemente una prueba más dura que las negociaciones con Europa, porque es aquí donde entrarán en conflicto los intereses partidistas de los tres socios de la coalición.

Lo único que espero de este Gobierno es que gane tiempo para que el país pueda estar presente en la mesa de negociaciones cuando se produzcan los cambios en Europa.

Thomas Mann dijo una vez que Europa necesita una Alemania europea, no una Europa alemana. El modelo de la Alemania europea ha sobrevivido con éxito durante cinco décadas. En la actualidad, con la crisis, Alemania trata de llevar a Europa a su cauce. La cesura entre el sur, el centro y el norte de Europa no deja de crecer.

Que Europa pueda sobrevivir a la crisis es hoy en día una cuestión abierta; pero la única oportunidad para Grecia es que siga en la mesa de negociaciones. Esto supone tomar dolorosas medidas de ahorro y aún es muy temprano para decir si la coalición de Gobierno tendrá la voluntad, el valor y la inteligencia para ello. Quiero mantener la esperanza, pero no tengo la certeza.

Atenas, finales de junio de 2012

Algo más que un epílogo
Conversación con Petros Márkaris

Usted ha vivido siempre en ciudades grandes. Nació en Estambul, estudió en Viena y desde 1964 vive en Atenas... Metrópolis que en el pasado fueron el centro de grandes imperios. ¿Qué significa Atenas para usted?

PETROS MÁRKARIS: En Atenas el odio y el amor pasean juntos de la mano. Creo que los cambios de humor de los atenienses tienen que ver con su ciudad. Los atenienses abrazan a alguien y le dicen cosas amables, y al momento lo insultan. Por la mañana salen a la calle, el sol brilla, todo está al rojo vivo, todo se ve a través de un velo de luz, la gente se sienta en las terrazas de los bares, conversa y toma café. Todo es hermoso. Luego, gira usted la calle y de repente los coches se le echan encima y piensa que va a morir atropellado. Se pone a salvo en la acera, pero ésta está tan maltrecha que tropieza y se rompe una pierna; al final, huye de la ciudad. Así es Atenas. Todos los atenienses sienten una mezcla de amor y odio hacia su ciudad. Lo que también me gusta de ella es la noche. De noche, esta ciudad es mucho más hermosa aún que de día. Atenas es hermosa ya sea bajo la luz del sol o en la oscuridad. Sucede lo contrario que en Estambul, que embellece con una lluvia ligera; Estambul necesita la lluvia para ser hermosa. Atenas necesita la luz del sol.

¿Cómo ha cambiado Atenas desde su llegada?

Atenas era en el pasado una ciudad distinta: hermosa, tranquila, muy humana y llena de buen humor: todos los días se podía uno reír en cualquier esquina. Me pregunto dónde está hoy en día aquel humor; sencillamente, se ha evaporado. Grecia era muy pobre cuando yo la conocí a mediados de los años sesenta. Pero aquella pobreza tenía estilo y eso podía reconocerse en sus poetas y sus dramaturgos, que no obtenían un céntimo del Estado. Tuvieron que luchar para crear arte, y eran extraordinarios.

En sus novelas se siente el pulso de Atenas.

Cuando escribo una novela, siempre sé dónde se desarrolla, en qué barrio de la ciudad. Voy a pie y hago una pequeña investigación.

¿Usted no conduce?

No.

Al contrario del comisario Jaritos, que ahora conduce un coche nuevo.

Sí, su viejo Mirafiori se acabó. Una amiga que trabaja en mi editorial italiana me dijo: «No sé cuántos Mirafiori circulan aún en las calles de Grecia, pero te aseguro que en Italia sólo verás uno en el museo de la Fiat». Bueno, ahí tenía que acabar el coche; no fue una decisión difícil; pero elegir el coche nuevo fue algo más complicado.

La crisis le ha proporcionado a usted la respuesta. Por solidaridad con España, que a diferencia de Japón, también está en crisis, el comisario se compra un coche español.

Sí, el comisario Kostas Jaritos conduce ahora un Seat Ibiza. Expliqué el problema del nuevo vehículo a mis amigos de la editorial española de mis libros, y me proporcionaron un catálogo de Seat con modelos de todos los colores para que pudiera elegir. ¡Fue hermoso! Pero con respecto al pago, Jaritos dice ahora: «Si lo llego a saber no me compro ningún coche»; es decir, que lo está pagando a plazos.

¿De dónde procede su familia?

Mi padre era armenio y mi madre, griega; en casa hablábamos griego, en realidad, gracias a una historia de amor: mi abuelo paterno procedía de una rica familia de Estambul, su padre era uno de los banqueros del sultán Abdul Hamid. Tenían una casa enorme y una cocinera procedente de la isla de Andros, en las Cícladas. Esta cocinera le pidió a mi bisabuelo permiso para traerse a su sobrina a pasar una temporada en la casa. Mi bisabuelo estuvo de acuerdo y le ofreció a la cocinera una habitación para la sobrina. Ésta, que entonces contaba diecisiete años de edad, vino directamente de la isla, y debía de ser muy guapa. Mi abuelo se enamoró de ella a primera vista. Se dirigió a su padre y le comunicó: «Me he enamorado de la sobrina de nuestra cocinera y quiero casarme con ella». Su padre le dijo que debía de estar loco, que no podía casarse con la muchacha, que encima era griega, y lo amenazó con desheredarlo. Pero el cabezota de mi abuelo llegó un domingo a la hora de la comida acompañado de la chica y anunció: «Os presento a mi mujer». Al día siguiente, su padre lo había desheredado. Con su joven esposa, alquiló una vivienda de dos habitaciones, aprendió la lengua de la muchacha y dejó de hablar armenio. Su griego era horroroso, miserable, pero fue nuestra lengua, la consecuencia de una historia de amor. El editor de Diogenes, Daniel Keel, encontró la historia realmente maravillosa y me propuso escribir un libro sobre ella. Pero yo no sé escribir novelas de amor.

En Estambul asistió usted a una escuela alemana...

A una escuela austriaca. Turquía permaneció neutral en la guerra, y cuando hubo signos de que los Aliados iban a resultar vencedores, Turquía declaró la guerra a Alemania y la escuela alemana se cerró. Por tanto, no tenía ninguna otra alternativa en lengua alemana que el St.-Georg-Gymnasium austriaco.

Hábleme de ello.

Mi padre tenía dos sueños en su vida y en los dos se sintió frustrado. Dirigía una empresa de importación y quería que yo me hiciera cargo del negocio. En 1949 comenzó el milagro económico alemán y mi padre creía que, como el alemán iba a convertirse en la lengua internacional de los negocios, yo tenía que aprenderlo. Tuvo dos decepciones: el alemán no se convirtió en el idioma de los negocios y yo no me hice cargo de su empresa. Pero aprendí alemán, eso sigue ahí.

... y hoy Alemania tiene que salvar a Grecia. En Viena empezó usted a estudiar ciencias económicas.

También esto era un deseo de mi padre. Yo no quería estudiar económicas; detestaba la materia. Pero a la vez, aquello me arrancaba de Estambul. Por tanto me dije: la carrera es tu oportunidad. Pero no terminé los estudios. Después de cinco años, lo que sabía es que quería escribir en griego, por tanto, me dirigí a Grecia, el país donde hablan griego moderno.

Sin embargo, una vez en Grecia, durante mucho tiempo su actividad estuvo muy ligada con la economía, ¿no es cierto?

Sí, de 1966 a 1976 trabajé en una fábrica de cemento, es decir: casi once años. El gran salto lo di en 1976, cuando ya no pude aguantar más allí.

¿Vivía su padre todavía entonces?

No. Pero mi madre nunca me lo perdonó. Aquélla era, y lo sigue siendo, una gran empresa. Dos veces al año había aumento de sueldo y, además, bonificaciones para los mejores empleados. Sólo en una ocasión me rebajaron los ingresos. Al día siguiente se presentó el gerente de la firma: «Quiero disculparme con usted. La próxima vez ganará usted más, no se preocupe». Luego añadió, como de pasada: «Eso sin contar con que el año que viene sea usted director, con lo que, por descontado, tendrá un sueldo aún mejor». Yo estaba completamente perplejo. Pensé: «Si ahora te conviertes en director y sigues adelante, vas a olvidarte de escribir». Me pasé la noche entera reflexionando, sin poder dormir. Al día siguiente me dirigí al responsable y dije: «Me siento muy honrado. Es una oferta realmente muy amable por su parte. Pero aquí tienen mi renuncia». Me indemnizó como si me hubiera despedido, para atarme a ellos en caso de que me lo repensara. Yo expliqué: «Mire, no voy a volver». Él respondió: «Soy empresario, conozco mis riesgos. Voy a asumir éste». Yo nunca regresé y él perdió el dinero.

¿Cómo decidió usted en qué idioma iba a escribir?

Soy trilingüe, hablo griego, turco y alemán. Al principio escribí algo en alemán, también en turco, y de forma esporádica, en griego. Y de pronto, en Viena, cambio de opinión. Fíjese, la sociedad austriaca, en especial la vienesa, es una sociedad cerrada. Yo tenía a menudo ese sentimiento de soledad, con sus aspectos negativos y positivos. Todo el que quiera ser escritor tiene que aprender a amar su soledad, pues el escritor siempre está solo. Vive solo, escribe solo, piensa solo. No solamente hay que soportar esa soledad, hay que aprender a amarla. Yo la he convertido en algo propio. Y con ella también he llegado a percibir el asombro. Entonces resolví escribir sólo en griego. De alguna forma quería volver al seno de la lengua materna. Con el griego me sentía seguro.

¿Sabía su padre que hacía tiempo que había empezado a escribir?

Sí, pero él siempre conservó la esperanza de que aquello fuera una enfermedad de juventud y que pronto la abandonaría.

Thomas Mann escribía siempre por las mañanas. ¿Tiene usted rituales de escritura?

Cuando estoy en casa trabajo todos los días, sábados y domingos incluidos, desde las diez a las dos del mediodía, y de las cuatro a las ocho de la tarde. Entre las dos y las cuatro leo, sobre todo periódicos. Cuando empiezo una nueva novela, tengo que permanecer en casa los tres primeros meses, hasta que consigo dominar la historia. Después, puedo trabajar en cualquier sitio, en habitaciones de hotel, incluso en el tren. Pero durante los tres primeros meses, necesito mi casa, mi mesa de trabajo y mi gato. Mi nueva novela está en parte dedicada a mi gato: «Para Josephine y *Gian*». El gato se llama *Gian*. Me gustan mucho los gatos. Estoy enamorado de los gatos.

¿Tiene usted un primer lector?

Escribo los dos primeros capítulos, a continuación reescribo el primero, luego escribo el tercero; entonces reescribo el segundo y luego viene el cuarto, y así con los demás. En realidad, al final tengo dos versiones, que dejo enfriar tres o cuatro semanas, hasta hacer una tercera corrección. Esta versión la reciben mi editor, mi lectora editorial griega y mi hija. Cuando tengo sus comentarios, hago una versión definitiva. Con la lectora editorial de Diogenes preparamos una nueva versión: la europea. Después de mi primera novela nos dimos cuenta de que muchas de las cosas que digo o a las que aludo se refieren específicamente a Grecia y no son del todo comprensibles para el lector europeo. Por tanto, hay que ser valiente y cortar. Así surge una versión griega de referencia para los editores extranjeros.

Hace cinco años dijo usted en una entrevista: «Los griegos no quieren invertir su dinero en las empresas. Prefieren construirse una casa de campo. Soy pesimista. Gastan mucho e invierten poco. En algún momento, esto se acabará». Es usted un profeta.

No soy ningún profeta. Esto se veía venir.

¿Los griegos también lo han visto venir?

Una minoría por descontado, pero sólo una minoría. La mayoría eran muy felices y pensaban que esta situación iba a durar siempre. Fue el primero de los errores. Pero el mayor error vino del sistema político que se empeñó en promocionar el conjunto. Esta vez los griegos están realmente desbordados.

En opinión de los griegos, ¿quién es el culpable de la crisis?

El Gobierno, por supuesto, la Unión Europea, los bancos, los financieros..., en realidad, todos. Pero especialmente el Gobierno, al que ellos mismos eligieron. Pero mis compatriotas dicen: ¿qué remedio nos quedaba? Todos los políticos son unos corruptos, por tanto, ellos se sienten inocentes.

Usted ha abordado la crisis en sus ensayos y en sus novelas.

Sí, en dos libros. Como he hablado tanto sobre la crisis, casi todos los días me proponen una entrevista. Quiero que la crisis acabe, no para que los griegos puedan vivir mejor sino para recuperar otra vez la tranquilidad...

Por eso se venga usted matando a un banquero en su libro más reciente, Con el agua al cuello. *Durante los Juegos Olímpicos, le preguntaron a usted sobre ellos; ahora le preguntan por la crisis.*

¿Sabe usted por qué? Porque siempre voy a la contra. Antes de los Juegos Olímpicos me llamó un alemán para decirme: «Soy consejero técnico del Comité Olímpico alemán. Estoy aquí para visitar las instalaciones olímpicas y también quisiera hablar con usted», «¿Y qué tengo que hacer?», «Para serle franco, señor Márkaris, todo el mundo está entusiasmado con los juegos. Me pregunto si no hay nadie que esté en contra. Por eso me dirijo a usted».

¿La novela policiaca es una forma de escribir contra la estupidez?

En el sentido de que al final la novela policiaca siempre crea una especie de claridad, sí.

Hay quien sostiene que la novela policiaca es hoy en día la única posibilidad de poner ideas en circulación.

Una de las razones por las que la novela policiaca es tan apreciada es que se trata de la más religiosa de todas las novelas. Al final, los malos siempre son castigados. El lector sabe, gracias al predicador, que el mal gobierna el mundo, pero le tranquiliza comprobar que al final, en la novela policiaca el mal siempre es castigado. En este sentido, los detectives y policías son misioneros, tienen mentalidad de misioneros.

Usted es autor de obras de teatro, ha traducido del alemán obras importantes, además ha trabajado para el cine y la televisión.

En efecto. A principios de los noventa escribí el guión de una serie de televisión llamada *Anatomía de un crimen;* un éxito enorme. Pero al comienzo del tercer año conocí a la familia Jaritos. La verdad es que no quería tener mucho que ver con esa gente, porque me sacan de quicio.

¿Cómo los conoció?

Los tres aparecieron una mañana ante mi mesa de trabajo. ¿Conoce usted la obra *Seis personajes en busca de autor,* de Pirandello? En mi caso eran tres, no seis. Creo que mientras escribía la serie, otra idea se estaba desarrollando en mi inconsciente, y que de pronto, se hizo consciente, y yo tenía delante de mí a esas tres personas.

¿Su pasión por el teatro fue anterior al cine?

Al principio quería ser autor dramático y escribí algunas piezas para los escenarios. Una de ellas, *La historia de Ali Retzo,* se convirtió en 1971, durante la dictadura militar, en la gran obra teatral contra la Junta militar. Entonces todo tenía que someterse a la censura, pero en mi texto apenas suprimieron nada. Los muy idiotas leyeron la obra, que transcurre en Turquía, y la aprobaron porque pensaron que atacaba a Turquía. Dos meses después, la pieza se representó. El teatro estaba tan lleno que la gente esperaba hasta en los pasillos. La gente no confiaba en que la permitieran pasar la obra tan fácilmente. Estuvo semanas en cartel y se pensó en volver a representarla. Entonces yo trabajaba en la fábrica de cemento. Un día me llamó un policía: «¿Es usted el señor Márkaris? ¿De nombre Petros? ¿Y ha escrito usted una obra titulada *La historia de Ali Retzo?*». Yo: «Sí; ya lo sabe usted todo, ¿por qué me aburre de este modo?». «Corre usted el peligro de perder su permiso de residencia en Grecia», pues entonces yo todavía era turco. Cuando hubo acabado, le dije que yo trabajaba en la fábrica de cemento X. Siguió una pausa y añadió: «Bueno, eso es realmente un problema».

¿Cómo se le ocurrió ese proyecto tremendo de traducir el Fausto *de Goethe?*

El antiguo director artístico del Teatro Nacional me llamó un día: «Petros, tengo una propuesta para ti. Siéntate. Tienes que traducir el *Fausto;* las dos partes. Queremos llevarlo a escena». Yo respondí: «Olvídalo. No lo haré». Él replicó: «Petros, es la obra de una vida». Es lo peor que se le puede decir a un autor o a un traductor: «La obra de una vida». Así que me puse a trabajar y durante seis meses no pude escribir otra palabra que no fuera de la traducción. Fue una época infernal. Cuando por fin acabé la primera parte, el intendente me dijo que la representación se cancelaba. Le expliqué a mi editor la historia completa y éste me comentó: «Bien, ¡lo publico yo!». Le dije que estaba loco y que vendería sólo cincuenta ejemplares. Hasta ahora ha vendido casi cuatro mil ejemplares. ¡Increíble! En un acto en el Goethe Institut se me acercó una señora y me dijo: «Conozco sus novelas policiacas, pero lo admiro por su traducción del *Fausto*», y yo repliqué: «Señora, lo importante es que me admire a mí».

¿Cuáles han sido las primeras reacciones a su novela Con el agua al cuello?

Los griegos parecen entusiasmados. Me emociona mucho que la gente me interpele en la calle y me digan: «Lo ha hecho usted perfecto. ¿Cuándo saldrá su próximo libro?». No he ahorrado críticas a los griegos y no me duelen prendas a la hora de decirles que tienen su parte de culpa en la situación del momento. Me alegra mucho que *Con el agua al cuello* haya tenido una acogida tan buena.

¿Cómo ve usted la relación entre Grecia y Alemania? ¿Han sucedido demasiadas cosas en los últimos años? ¿Se ha provocado un perjuicio demasiado grande?

Hasta ahora la amistad entre griegos y alemanes no dejaba de maravillarme. ¿Cómo es que los alemanes, antiguos ocupantes del país, resultaban más simpáticos a los griegos que los ingleses y los americanos, que los liberaron? Era muy extraño. Pero ahora esta relación se ha roto, lo que me produce mucha tristeza. Y tengo que decir que los alemanes han contribuido a ello. Los insultos de los periódicos sensacionalistas, las manifestaciones de la canciller alemana y el tópico siempre repetido de unos griegos gandules..., nada de todo esto ayuda mucho.

Otoño de 2011

PROCEDENCIA DE LOS TEXTOS

Todos los artículos y conferencias publicados en este libro fueron escritos por su autor en lengua alemana.

«La cultura de la pobreza» *(Kultur der Armut):* publicado en *Süddeutsche Zeitung,* Múnich, 30 de diciembre de 2009, con el título de «Moderne Tragödie».

«Los días hermosos han llegado a su fin» *(Die schönen Tage sind vorbei):* publicado en *Die Tageszeitung,* Berlín, 3 de abril de 2010.

«¿Tragedia o comedia?» *(Tragödie oder Komödie?):* publicado en *Die Tageszeitung,* Berlín, 15 de mayo de 2010.

«El país donde todo es "socialista"» *(Wo alles «sozialistisch» ist):* publicado en *Die Wochenzeitung,* Zúrich, 27 de mayo de 2010.

«Las grietas de un seísmo» *(Risse wie nach einem Beben):* publicado en *Die Wochenzeitung,* Zúrich, 5 de mayo de 2011.

«La cartilla de ahorros» *(Das Sparbuch für mittellose Griechen):* publicado en *Die Tageszeitung,* Berlín, 23-24 de julio de 2011.

«Crisis sin perspectivas» *(Krise ohne Perspektive):* discurso de inauguración de la Feria del Libro de Viena de 2011, 9 de noviembre de 2011; edición no abreviada en: *Wien live,* número de diciembre 2011-enero 2012.

«Las luces se apagan en Atenas» *(In Athen gehen die Lichter aus):* publicado en *Die Zeit,* Hamburgo, 1 de diciembre de 2011.

«La crisis tiene la última palabra» *(Die Krise hat das letzte Wort):* publicado en *Süddeutsche Zeitung,* Múnich, 26 de enero de 2012 [publicado en el diario *El País* el 20 de enero de 2012 con el título de «Un griego en la "corte" de Bruselas»].

«¿Sólo una crisis financiera?» *(Nur eine Finanzkrise?):* discurso ante la Sociedad Austriaca de Política Exterior, pronunciado el 29 de febrero de 2012.

«Un país demencial» *(Ein verrücktes Land):* publicado en *Die Tageszeitung,* Berlín, 19-20 de mayo de 2012.

«Cuarenta días que estremecieron al mundo» (*Vierzig Tage, die die Welt erschütterten*), escrito por el autor especialmente para este volumen.

Conversación con Petros Márkaris, a cargo de Daniel Kampa para *Diogenes Magazin,* núm. 8, otoño de 2011.

Libros de Petros Márkaris en Tusquets Editores

SERIE KOSTAS JARITOS
(en orden cronológico)

Noticias de la noche (Andanzas 650/1 y Maxi 14/1)

Defensa cerrada (Andanzas 650/2 y Maxi 14/2)

Suicidio perfecto (Andanzas 650/3)

El accionista mayoritario (Andanzas 650/4 y Maxi 14/4)

Muerte en Estambul (Andanzas 650/5 y Maxi 14/5)

Con el agua al cuello (Andanzas 650/6)

ENSAYO

La espada de Damocles (Ensayo 88)